北大版对外汉语教材·基础教程系列

# 风光汉语

## 中级泛读 I

丛书主编　齐沪扬
丛书副主编　张新明　吴　颖
主　　编　石慧敏
编　　者　石慧敏　李　涓　陈　萍　陈洪磊

图书在版编目（CIP）数据

风光汉语：中级泛读 I / 石慧敏主编. —北京：北京大学出版社，2012.6
（北大版对外汉语教材·基础教程系列）
ISBN 978-7-301-20684-3

Ⅰ. 风… Ⅱ. 石… Ⅲ. 汉语-阅读教学-对外汉语教学-教材 Ⅳ. H195.4

中国版本图书馆 CIP 数据核字（2012）第 102297 号

书　　　名：风光汉语：中级泛读 I
著作责任者：石慧敏　主编
责 任 编 辑：张弘泓
标 准 书 号：ISBN 978-7-301-20684-3/H·3055
出 版 发 行：北京大学出版社
地　　　址：北京市海淀区成府路205号　　100871
网　　　址：http://www.pup.cn
电 子 信 箱：zpup@pup.pku.edu.cn
电　　　话：邮购部 62752015　发行部 62750672　出版部 62754962　编辑部 62752028
印 刷 者：北京鑫海金澳胶印有限公司
经 销 者：新华书店
　　　　　787 毫米×1092 毫米　16 开本　18.25 印张　235 千字
　　　　　2012 年 6 月第 1 版　2012 年 6 月第 1 次印刷
定　　　价：48.00 元

未经许可，不得以任何方式复制或抄袭本书之部分或全部内容。
版权所有，侵权必究
举报电话：010-62752024　电子信箱：fd@pup.pku.edu.cn

# 说　明

《风光汉语·中级泛读》是中级汉语泛读教材，分Ⅰ、Ⅱ两册。我们希望通过本套教材大量的阅读训练，逐步培养学习者的语感，提高学习者的汉语阅读理解能力；同时通过丰富多样的阅读材料，帮助学习者扩大词汇量，掌握阅读的技巧，适应HSK"阅读理解"的答题方式，从而提高答题能力和答题速度。

《风光汉语·中级泛读》每册30课，共60课。在每课前面我们编排了"热点话题"，旨在让教师和学生先热热身，谈论一下与本课相关的问题，既可提高兴趣、活跃气氛，也可集中思路，扫除一些阅读障碍。

本套泛读教材的语料丰富多样，内容包括社会生活的各个方面，人文地理、旅游风光、民风民俗，还有跟现代生活密切相关的社会热点问题、新生事物等。本着循序渐进的原则，以《汉语水平词汇与汉字等级大纲》、《旅游汉语功能大纲》、《旅游汉语词汇大纲》等为依据，对课文内容、词汇、练习的难度进行控制。主课文550~700字，由易到难。生词以乙级、丙级词为主，少量丁级或超纲词，此类生词主要是与当代社会生活、休闲旅游等相关的词语。每课生词25个左右，有拼音和英文注释，附在主课文的练习后，不作为教学内容，主要是为学习者提供方便，其中一些重点词语在练习中理解并进行解释。

本套泛读教材的练习设计主要分三部分：1. 快读练习：主要训练学习者跳跃障碍、抓关键信息的猜测能力。2. 精读练习：主要训练学习者对重点词语、句子的理解能力。3. 泛读练习：主要训练学习者迅速把握文章主要内容的综合概括能力。

教材内容除了主课文外，每课还有一段"拓展阅读"，内容跟主课文相关，长度在450~550字，不列出生词。"拓展阅读"给使用者留下一个灵活运用的空间，可以根据课时情况在课堂上训练，也可作为课外作业，供学习者"拓展"之用。

本册教材每个单元后都有一个"阅读小技巧"，目的是要配合泛读课程，培养学习者良好的阅读习惯，进行词汇、句子、文章主题等各方面阅读技巧的指导，从而提高学习者跳跃障碍、获取信息的速读能力、猜测能力以及把握文章中心内容的概括能力。

本册教材共30课，建议每周安排4课时，一个学期（共16周）学完，平均2课时完成1课。

《风光汉语·中级泛读》的语料基本上选自近年来国内出版的各类报纸、杂志、书籍以及网络等，但为了教学的需要都作了不同程度的删改。由于种种客观原因，我们无法与所选阅读语料的原作者一一取得联系，特此说明，并向所有的作者表示衷心的感谢。

本套教材虽然已经过多次试用和修改，但书中不完善之处肯定不少，疏漏和错误也在所难免，谨请专家、同行及使用者提出宝贵意见。

编　者

2012年2月12日

# 目 录

**第 一 课**

课文　有备无患　　　　　　　　　　　　　　　1

拓展阅读　边旅游边拍婚纱照　　　　　　　　　7

**第 二 课**

课文　参团还是自助　　　　　　　　　　　　　10

拓展阅读　我的旅行我做主　　　　　　　　　　16

**第 三 课**

课文　健康出游　　　　　　　　　　　　　　　18

拓展阅读　如何以防万一　　　　　　　　　　　24

**第 四 课**

课文　住什么酒店最划算　　　　　　　　　　　27

拓展阅读　两种最受欢迎的酒店　　　　　　　　33

阅读小技巧　培养良好的阅读习惯　　　　　　　35

**第 五 课**

课文　北京烤鸭　　　　　　　　　　　　　　　36

拓展阅读　南翔小笼包　　　　　　　　　　　　42

**第 六 课**

课文　南米北面与北粗南细　　　　　　　　　　45

# 目录

拓展阅读　东辣西酸　　　　　　　　　　51

## 第七课
课文　说说筷子　　　　　　　　　　　　53

拓展阅读　用餐礼仪　　　　　　　　　　59

## 第八课
课文　学点中国菜　　　　　　　　　　　61

拓展阅读　泡茶的学问　　　　　　　　　67

阅读小技巧　阅读中的词汇学习（一）　　69

## 第九课
课文　我是志愿者　　　　　　　　　　　70

拓展阅读　志愿服务漫谈　　　　　　　　76

## 第十课
课文　恭敬待人好做事　　　　　　　　　78

拓展阅读　巧合的论文　　　　　　　　　84

## 第十一课
课文　家有钟点工　　　　　　　　　　　87

拓展阅读　保姆荒　　　　　　　　　　　93

# 目 录

## 第十二课
课文　逸飞之家　　　　　　　　　　　　　95

拓展阅读　悄然兴起的休闲游　　　　　　101

阅读小技巧　阅读中的词汇学习（二）　　103

## 第十三课
课文　为什么要回家过年　　　　　　　　104

拓展阅读　夏天里过新年——在楚雄过火把节　110

## 第十四课
课文　口彩与口忌　　　　　　　　　　　113

拓展阅读　方向与颜色迷信　　　　　　　119

## 第十五课
课文　端午节知多少　　　　　　　　　　121

拓展阅读　欢乐的泼水节　　　　　　　　127

## 第十六课
课文　中秋节——千里共婵娟　　　　　　129

拓展阅读　元宵节的由来　　　　　　　　135

阅读小技巧　阅读中的句子学习　　　　　137

# 目录

## 第十七课
课文　泰山印象　　　　　　　　　　　　**138**

拓展阅读　一起去爬山　　　　　　　　　**144**

## 第十八课
课文　多元文化新天地　　　　　　　　　**147**

拓展阅读　魅力都市　　　　　　　　　　**153**

## 第十九课
课文　四合院——老北京的象征　　　　　**156**

拓展阅读　北京的胡同　　　　　　　　　**162**

## 第二十课
课文　桂林山水甲天下　　　　　　　　　**164**

拓展阅读　三亚归来不看海　　　　　　　**170**

阅读小技巧　略读的技巧　　　　　　　　**172**

## 第二十一课
课文　网络购物　　　　　　　　　　　　**173**

拓展阅读　网络让学习更便捷　　　　　　**179**

# 目 录

**第二十二课**

    课文　考证族　　　　　　　　　　　　　　181

    拓展阅读　"中学生留学"热　　　　　　　187

**第二十三课**

    课文　用生命书写母爱　　　　　　　　　189

    拓展阅读　感恩的心　　　　　　　　　　195

**第二十四课**

    课文　大学生兼职的利与弊　　　　　　　197

    拓展阅读　大学生租房热　　　　　　　　203

    阅读小技巧　理解文章主题的技巧　　　　205

**第二十五课**

    课文　美丽的呼伦贝尔大草原　　　　　　206

    拓展阅读　入乡随俗　　　　　　　　　　213

**第二十六课**

    课文　哈密瓜的故乡　　　　　　　　　　215

    拓展阅读　新疆旅游须知　　　　　　　　221

# 目 录

**第二十七课**

    课文　神秘的香格里拉　　　　　　　　　　**224**

    拓展阅读　大理四月天　　　　　　　　　　**230**

    阅读小技巧　如何提高阅读速度　　　　　　**232**

**第二十八课**

    课文　生活节奏的快与慢　　　　　　　　　　**233**

    拓展阅读　中国最繁忙的城市——香港　　　　**240**

**第二十九课**

    课文　体育赛事与旅游　　　　　　　　　　**242**

    拓展阅读　奥运带来的商机　　　　　　　　　**248**

**第 三 十 课**

    课文　农家乐　　　　　　　　　　　　　　**250**

    拓展阅读　红色生态游　　　　　　　　　　**256**

    阅读小技巧　阅读测试的技巧　　　　　　　**258**

**附录一：练习参考答案　　　　　　　　　　　259**

**附录二：词汇总表　　　　　　　　　　　　　267**

# 第一课　有备无患

1. 出游前应该做好哪些准备？
2. 旅游的过程中应该注意哪些事项？

随着经济的发展和"双休制"、"十一"长假制的实行，外出旅游成为中国人双休日和节假日的最佳选择。可是不少旅游归来的人要么是<u>游兴未尽</u>，景点未看完；要么是<u>走马观花</u>，匆匆忙忙；甚至有人感到花钱买罪受，或没有多少收获。为什么会这样呢？大都是因为旅游前准备不足。那么，旅游前要做好哪些准备呢？

旅游前首先要考虑好旅游的路线和参观的景点。可以根据兴趣选择参观古迹、游览园林、登山探险、游山玩水等项目，也可以结合自己的经济情况、时间长短、身体状况等因素综合考虑，以便选择最佳的旅游路线和景点。查阅旅游路线上各景点的资料，如旅游地图、景点介绍、典故传说等，对主要景点做到心中有数。比如要参观河南洛阳的"白马寺"，最好先了解一下它建于何时以及在中国佛教传播中的地位；要去洛阳的"白园"，最好先读一读白居易的诗，了解一些白居易的<u>生平</u>，提前做好准备。

其次要想好旅游的时候应该带哪些东西。一些重要的证件是必须带齐的，比如：工作证、身份证、护照、学生证等。除了证件以外，钱肯定是必备的。要根据旅游计划考虑路费、餐费、各景点门票、购物等费用。因为途中常有意想不到的开支，所以所带费用应有些富余，<u>有备无患</u>。建议外衣口袋放一些常用零钱，把整钱放在另外的地方，<u>避免</u><u>遗失</u>或被盗。

最后还要注意一些小细节。比如应该携带结实耐用的、最好是用防水材料制成的旅行包，还要根据旅游者身体的情况带上一些常用药品。

## 注 释

**双休制**：指每周一到周五工作，周六、日两天休息。

第一课　有备无患

## 练习　Exercises

**一、快速阅读课文后，完成以下练习**

（一）根据课文内容，选择正确答案

1. 外出旅游成为中国人双休日和节假日的最佳选择，这种说法是根据什么？
   A. 人们收入的增加　　　　　B. 经济的发展和长假制的实行
   C. 人们工作压力的增大　　　D. 生活水平的提高

2. 旅游前首先要考虑什么？
   A. 旅游景点和路线　　　　　B. 旅游费用
   C. 旅游携带的衣服　　　　　D. 天气情况

3. 查阅旅游路线上的景点资料，文中没提到哪一项？
   A. 旅游地图　　　　　　　　B. 景点介绍
   C. 典故传说　　　　　　　　D. 景点门票

4. 关于旅游前的准备工作，文中没提到哪一项？
   A. 旅游路线和景点　　　　　B. 旅游携带的证件
   C. 旅游费用　　　　　　　　D. 预定机票

（二）根据课文内容，判断正误

（　）1. 随着经济的发展和假日的增加，人们越来越喜欢外出旅游。

（　）2. 选择旅游路线只要考虑自己的兴趣爱好就可以。

（　）3. 如果去"白园"参观，要先了解一下佛教在中国的传播。

（　）4. 旅行的时候，不要带太多钱，不然用不完。

（　）5. 旅行的时候最好带一些常用的药品。

## 二、精读课文后，完成以下练习

### （一）选择画线词语在文中的意思

1. 不少旅游归来的人要么是<u>游兴未尽</u>，景点未看完；要么是走马观花，匆匆忙忙。

  A. 旅游的时候很高兴　　　　B. 对旅游没有兴趣
  C. 旅游的时候没有尽兴　　　D. 对旅游很有兴致

2. 不少旅游归来的人要么是游兴未尽，景点未看完；要么是<u>走马观花</u>，匆匆忙忙。

  A. 在动物园骑马　　　　　　B. 形容没有充分观赏景色
  C. 一边骑马一边看花　　　　D. 观赏漂亮的鲜花

3. 要去洛阳的"白园"，最好先读一读白居易的诗，了解一些白居易的<u>生平</u>。

  A. 出生的地点　　　　　　　B. 出生的时间
  C. 平凡的一生　　　　　　　D. 一生的主要经历

4. 因为途中常有意想不到的开支，所以所带费用应有些富余，<u>有备无患</u>。

  A. 做好了准备工作　　　　　B. 做好了准备就不用担心意外的事
  C. 没有做好准备　　　　　　D. 做好准备就不会患病了

5. 建议外衣口袋放一些常用零钱，把整钱放在另外的地方，避免<u>遗失</u>或被盗。

  A. 大意而丢失　　　　　　　B. 被别人偷走
  C. 扔掉某东西　　　　　　　D. 遗憾

### （二）根据课文内容，选择下列句子的正确解释

1. 有人感到花钱买罪受。

  A. 旅行过程很累，很辛苦，感觉没有达到想象的目标。
  B. 旅游的时候花了很多钱，所以心情很不好。
  C. 有人在旅途中犯罪，偷了别人的东西。
  D. 旅途的景色不好看，感觉白去了一趟。

2. 为什么会这样呢？大都是因为旅游前准备不足。"这样"不包括哪一个？

  A. 游兴未尽，景点未看完。

## 第一课　有备无患

  B. 走马观花，匆匆忙忙。

  C. 花钱买罪受。

  D. 旅游没有准备好足够的钱。

3. 对主要景点做到心中有数。

  A. 要数一下主要景点有哪些。

  B. 应该了解主要景点的资料和情况。

  C. 要提前想好去参观哪些景点。

  D. 参观有名的景点，别的可以不参观。

4. 因为途中常有意想不到的开支，所以所带费用应有些富余，有备无患。

  A. 外出旅游的时候，带的钱越多越好。

  B. 外出旅游的时候，开支很大，所以应该多带一些钱。

  C. 外出旅游的时候，应该多带一些钱，以免有想不到的开支。

  D. 外出旅游的时候，多准备一些钱就不会担心了。

### 三、泛读课文后，完成以下练习

（一）这篇课文主要想说明

  A. 旅游前一定要确定好旅游路线和景点。

  B. 旅游前一定要准备好重要的证件，避免麻烦。

  C. 旅游前一定要考虑好旅游的费用，尽量多带一些钱。

  D. 旅游前一定要做好充分的准备，这样旅途才会比较顺利。

（二）根据课文内容，回答问题

1. 旅游前应该根据哪些方面确定旅游路线和景点？

2. 旅游费用包括哪些？应该怎样保管钱财？

3. 旅游前还要注意哪些细节问题？

## 生 词  New words

| | | | |
|---|---|---|---|
| 1. | 实行 | shíxíng | to carry out |
| 2. | 游兴 | yóuxìng | interest in going on an excursion |
| 3. | 匆忙 | cōngmáng | in a hurry |
| 4. | 走马观花 | zǒu mǎ guān huā | to gain a shallow understanding from a fleeting glance |
| 5. | 收获 | shōuhuò | harvest |
| 6. | 游览 | yóulǎn | to visit |
| 7. | 园林 | yuánlín | landscape garden |
| 8. | 探险 | tànxiǎn | to explore |
| 9. | 因素 | yīnsù | factor |
| 10. | 综合 | zōnghé | to synthesize |
| 11. | 典故 | diǎngù | allusion |
| 12. | 传说 | chuánshuō | legend |
| 13. | 心中有数 | xīn zhōng yǒu shù | have a pretty good idea of how things stand |
| 14. | 传播 | chuánbō | to disseminate |
| 15. | 生平 | shēngpíng | all one's life |
| 16. | 证件 | zhèngjiàn | credentials |
| 17. | 开支 | kāizhī | expenses |
| 18. | 富余 | fùyu | surplus |
| 19. | 有备无患 | yǒu bèi wú huàn | forewarned is forearmed |

| 20. 遗失 | yíshī | to lose |
| 21. 细节 | xìjié | details |
| 22. 携带 | xiédài | to carry |
| 23. 结实 | jiēshi | solid |
| 24. 防水 | fángshuǐ | waterproof |
| 25. 材料 | cáiliào | materials |
| 26. 药品 | yàopǐn | medicine |

## 专名　Proper nouns

| 1. 洛阳 | Luòyáng | name of a city in Henan province |
| 2. 白马寺 | Báimǎ Sì | Baima Temple |
| 3. 白园 | Bái Yuán | a tomb of Bai Juyi |
| 4. 白居易 | Bái Jūyì | a famous poet of Tang Dynasty |

## 拓展阅读　Extended reading

### 边旅游边拍婚纱照

据了解，旅游拍摄婚纱照最早在重庆兴起，在济南有一些摄影工作室也开设了这项业务，但是当时旅游婚纱摄影只是局限在省内的城市。现在，上海、重庆等城市的旅游婚纱摄影已经发展到国内多个城市以及国外的某些景点。

济南的一家影楼新推出的旅游婚纱摄影有青岛、苏州、西安、丽江和香港等城市，新人可选择"一对一"服务，也就是摄影师和化妆师全程跟随拍摄，也可参加多对新人的组团出行。"一对一"服务价格最低的青岛游为12888元，最贵的香港游为38888元，组团拍摄价格在2999元~19888元之间。组团拍摄的价格比"一对一"服务低很多，所以很多人选择组团的方式。

一边旅游一边拍摄婚纱照，这种方式既休闲又浪漫。和以往在影楼里拍摄的婚纱照相比，在旅游中拍摄婚纱照是一种很新的方式。目前上海、重庆等地的旅游婚纱摄影已经开通了欧洲、加拿大等国外线路。

但是，旅游婚纱摄影不仅要支付拍照费用，还要支付随行摄影师和化妆师的饮食住宿费用等，很多新人因花费太高而放弃了这种方式。目前，这种新兴的婚纱摄影并没有流行开来。

## 一、根据短文内容，判断正误

（　）1. 旅游拍摄婚纱照最早在济南兴起。

（　）2. 上海的旅游婚纱摄影已经发展到国内多个城市以及国外的景点。

（　）3. 多对新人组团的价格要比"一对一"服务低很多。

（　）4. 旅游中拍摄婚纱照新人不用支付摄影师和化妆师的饮食住宿费用。

（　）5. 旅游拍摄婚纱照越来越受年轻人的欢迎。

## 二、根据课文内容，回答问题

1. 什么是"一对一"服务？

2. 为什么旅游拍摄婚纱照这种方式没有流行开来？

3. 你会选择这种新兴的方式吗？

# 第二课

## 参团还是自助

**热点话题** Hot topics

1. 你去旅行的时候会不会选择旅行社？
2. 参加旅行社旅游有哪些好处？

**课文** Text

近年来，越来越多的出游者选择参团旅游，大多数旅行社也改变了过去只为外国游客或国内大团体服务的"贵族形象"，把服务的主要对象转变为国内工薪百姓，旅游者也从参团旅游中得到了实惠和好处。

实惠：由于旅行社和宾馆、景点、交通等相关单位有长期业务往来，参团旅游在住宿、景点、交通等方面大都可享受优惠，因此在同等条件下参团旅游要比个人旅游花费少。国家统计局抽样调查表明，2008年不参团的出游者平均每人每天花费398.3元，而参团者平均每人每天只花费329.5元。

## 第二课　参团还是自助

　　舒适、省心：旅游，就是为了<u>开阔</u>眼界，增长知识，多看景点，没有人会特别喜欢体验买票挤车、寻房觅食之苦。参团旅游时，往返车票、食宿、游览景点都由旅行社事先安排，住宿都比较舒适、安全；旅行社代购车票、代购卧铺票，游客不必自己操心，也不用麻烦亲朋好友。

　　项目多：随着旅游市场的发展，旅行社推出了多种专项旅游项目。除了一日游、专线旅游外，有的旅行社还推出了浪漫旅游、家庭旅游等项目。洛阳等地还成立了专门的老年旅行社，针对老年人的特点，开办了"银发游"专项旅游，很受退休人士的欢迎。

　　收获大：旅游是高层次的文化享受，人们希望在旅游中开阔眼界，增长知识，而要达到这一目的，导游的水平起着决定性的作用。各旅行社都有业务熟练的导游。无论是自然景观还是名胜古迹，不管是宗教圣地还是名山大川，导游都能讲得<u>头头是道</u>，使游客兴趣倍增，印象深刻，充分体会到旅游的乐趣，深感<u>不虚此行</u>，这都是不参团旅游很难体会到的。正是因为参团旅行有这么多的好处，所以越来越多的人选择了这一方式。

## 注　释

**银发游**：旅行社推出的一种新的旅游项目，是针对老年人而设计的。

## 练习 Exercises

### 一、快速阅读课文后，完成以下练习

（一）根据课文内容，选择正确答案

1. 现在旅行社的服务对象转向了谁？
   A. 外国游客　　　　　　B. 国内工薪百姓
   C. 贵族阶层　　　　　　D. 国内大团体
2. 文中第二段的主要内容是什么？
   A. 参加旅行社很省心　　B. 参加旅行社项目多
   C. 参加旅行社花费少　　D. 参加旅行社很安全
3. 下面哪项不是旅行社提供的服务？
   A. 代购车票　　　　　　B. 代购卧铺
   C. 安排食宿　　　　　　D. 免费游览景点
4. 参加旅行社的好处，文中没提到哪一点？
   A. 游览的景点多　　　　B. 舒适，省心
   C. 收获很多　　　　　　D. 花费少，实惠

（二）根据课文内容，判断正误

（　）1. 最近，越来越多的人选择了参团旅游。
（　）2. 参团旅游比个人旅游花费多。
（　）3. 参团旅游既安全又方便。
（　）4. 北京有专门的老年旅行社。
（　）5. 一般，旅行社的导游业务都很熟练。

### 二、精读课文后，完成以下练习

（一）根据课文内容，选择画线词语在文中的意思

1. 大多数旅行社也改变了过去只为外国游客或国内大团体服务的"贵族形

## 第二课　参团还是自助

象"，把服务的主要对象转变为国内<u>工薪百姓</u>。

A. 一般的工人　　　　　　B. 靠工资生活的人

C. 薪水很高的人　　　　　D. 在城市打工的人

2. 由于旅行社和宾馆、景点、交通等相关单位有长期业务往来，参团旅游在住宿、景点、交通等方面大都可享受<u>优惠</u>。

A. 实惠的价格　　　　　　B. 优良的服务

C. 优越的条件　　　　　　D. 舒适的环境

3. 旅游，就是为了<u>开阔</u>眼界，增长知识，多看景点，没有人会特别喜欢体验买票挤车、寻房觅食之苦。

A. 开辟　　　　　　　　　B. 打开拓宽

C. 增加　　　　　　　　　D. 增强扩展

4. 不管是宗教圣地还是名山大川，导游都能讲得<u>头头是道</u>。

A. 说的都是道理　　　　　B. 乱说

C. 说话很有条理　　　　　D. 说得很简单

5. 游客兴趣倍增，印象深刻，充分体会到旅游的乐趣，深感<u>不虚此行</u>。

A. 收获很大，没有白来　　B. 身体太虚弱，不能完成旅行

C. 旅途很快乐　　　　　　D. 旅行没有收获，白来了一趟

（二）根据课文内容，选择下列句子的正确解释

1. 近年来，越来越多的出游者选择参团旅游，大多数旅行社也改变了过去只为外国游客或国内大团体服务的"贵族形象"，把服务的主要对象转变为国内工薪百姓。

A. 旅行社现在的服务对象和以前一样，主要是外国游客。

B. 旅行社现在的服务对象和以前一样，主要是国内大团体。

C. 旅行社现在的服务对象改变了，转向了"贵族形象"。

D. 旅行社现在的服务对象改变了，变成了国内普通老百姓。

2. 国家统计局抽样调查表明，2008年不参团的出游者平均每人每天花费398.3元，而参团者平均每人每天只花费329.5元。这说明：

A. 选择旅行社可以减少花费，比不参团要便宜。

B. 选择旅行社更省心、安全。

C. 选择旅行社花费很大，不参团比较实惠。

D. 参团可以享受更好的服务，收获很大。

3. 旅游，就是为了开阔眼界，增长知识，多看景点，没有人会特别喜欢体验买票挤车、寻房觅食之苦。

   A. 参团者可以不买车票，不用找宾馆，很实惠。

   B. 参团者很方便，不用自己去排队买票，找宾馆，可以更好地享受旅行的快乐。

   C. 很多人旅游是为了体验生活，锻炼自己买票找住宿的能力。

   D. 外出旅游的目的是为了放松，多看景点。

4. 旅游是高层次的文化享受，人们希望在旅游中开阔眼界，增长知识，而要达到这一目的，导游的水平起着决定性的作用。

   A. 参加旅行社旅游，专业的导游讲解可以帮你达到旅行的真正目的。

   B. 旅游是一种文化享受，并不是仅仅观赏风景。

   C. 导游在旅行社的地位很高。

   D. 导游的业务熟练，专业知识丰富，很受旅客的欢迎。

## 三、泛读课文后，完成以下练习

（一）下面哪一项和作者的观点不同

   A. 参加旅行社旅游可以节省旅游费用，很实惠。

   B. 参加旅行社旅游住宿很舒适安全。

   C. 参加旅行社旅游才可以享受到很多新的旅游项目。

   D. 参加旅行社旅游有很多好处，越来越受到人们的欢迎。

（二）根据课文内容，回答问题

1. 为什么说参加旅行社旅游可以提高"旅游效率"？
2. 随着旅游市场的发展，旅行社推出了哪些新的旅游项目？
3. 参加旅行社旅游，导游可以提供哪些服务？

# 第二课 参团还是自助

## 生词 New words

| | | | |
|---|---|---|---|
| 1. | 贵族 | guìzú | noble |
| 2. | 工薪 | gōngxīn | wage；salary |
| 3. | 实惠 | shíhuì | material benefit |
| 4. | 业务 | yèwù | business |
| 5. | 享受 | xiǎngshòu | to enjoy |
| 6. | 优惠 | yōuhuì | preference |
| 7. | 统计 | tǒngjì | statistics |
| 8. | 抽样 | chōuyàng | to take a sample of |
| 9. | 开阔 | kāikuò | to open up |
| 10. | 眼界 | yǎnjiè | field of vision |
| 11. | 体验 | tǐyàn | to experience firsthand |
| 12. | 操心 | cāo xīn | to worry about |
| 13. | 项目 | xiàngmù | project |
| 14. | 浪漫 | làngmàn | romantic |
| 15. | 程度 | chéngdù | degree |
| 16. | 熟练 | shúliàn | proficient |
| 17. | 宗教 | zōngjiào | religion |
| 18. | 头头是道 | tóu tóu shì dào | clear and logical |
| 19. | 印象 | yìnxiàng | impression |
| 20. | 不虚此行 | bù xū cǐ xíng | One's trip wasn't for nothing. |

21. 方式　　　　　　　　fāngshì　　　　　　　　manner

## 拓展阅读　Extended reading

### 我的旅行我做主

目前，旅行方式多种多样，选择余地很大，出发之前最好做个比较。自助旅行：吃、住、行、游、购、娱，所有事情全由旅游者自己搞定，操作起来比较烦琐。特别是旅游旺季，购买机票、车票以及在旅游热点地区解决住宿问题等可能会遇到麻烦。但是也有一些解决问题的方法，比如：避开旅游热点地区，选择一些风光秀美，游人较少的"冷点"地区旅游；计划好旅途时间，提前委托朋友或旅行社订房订票等。

随团旅游：这种方式已经逐渐被大多数游客所接受，因此每到节假日便是旅行社最繁忙的时候。随团旅行最大的好处是省心省钱，可以独自一人也可全家一起参团，旅途中的吃喝住行几乎不用自己操心。随团旅游在费用方面一般比自助旅游要节省得多。另外，旅行社设计的游览行程比较科学，一般会选择最具有代表性的景点，适当省略次要景点，基本上能满足大多数游客的要求。

自驾车旅行：这种方式只是部分人的选择，少数具备条件的人自己驾车出外旅游。自驾车旅行分自备车和租车两种形式。

自驾车旅行不适合个人长时间、长距离旅行，因为长途旅行会使驾驶者过于疲劳，增加不安全因素。自驾车旅行最好有多位持驾照的朋友同行，便于途中交替开车，减少旅途隐患，增加旅行乐趣。

其他旅行方式还有骑自行车旅游、徒步背包旅游、野营、探险旅行等等，游客可以自由选择。

练习　Exercises

一、根据短文内容，判断正误

（　）1. 自助旅行操作起来很容易，可以很方便地解决食宿问题。
（　）2. 在旅游的热点地区，最好是提前订房订票。
（　）3. 随团旅游在费用方面要比自助旅行高。
（　）4. 在现代社会，自驾车旅行自由舒适，是大部分人的选择。
（　）5. 自驾车旅行不适合长时间长距离的旅游。

二、根据课文内容，回答问题

1. 你知道的旅游方式有哪些？
2. 说说自助旅游的好处，你会选择哪种旅游方式？
3. 自驾车旅行应该注意哪些方面的问题？

## 第三课

# 健康出游

1. 去海边旅行，要做些什么准备？
2. 如果有机会去西藏应该注意哪些方面的问题？

旅游是一件令人开心的事情，但是如果没有健康的身体，会直接影响到旅游的兴致。去海边、去烈日下的沙滩、去西藏等地方，首先你的身体要做好准备。

沙滩、椰子树、充足的阳光都是海南岛留给我们的印象。但是海南岛的阳光是很强烈的，去海南旅行之前一定要做好防晒准备。其中墨镜、阳伞、防晒霜是必需的。靠海吃海，海鲜当然是首选食品，但一定不要吃太多。海鲜之类的食物不容易消化，为了预防不测，最好带一些常用药品。小摊上的东西，如果没有当地朋友的带领，最好也不要去吃。有些小摊上的食

## 第三课　健康出游

物并不卫生，所以最好不要轻易去尝。

西藏是神秘和令人向往的。那么，去西藏之前应该注意哪些问题呢？

一是停止锻炼。许多人认为一定要先把身体锻炼好，才能克服到达西藏后的高原反应，这是一个误区。去西藏前不要刻意锻炼身体，如果平时一直坚持锻炼身体，在出发前半个月也应该停下来。因为经过锻炼后的身体耗氧量增大，增加心脏负担，反而容易引起高原反应。

二是预防感冒。如果得了感冒，出发前一定要积极治愈。在高原地区最怕的是感冒，一旦得了感冒，头痛咳嗽很快会引发别的疾病。不但身体痛苦，而且会影响到旅行的心情。

三是要带好防寒衣物。十月起，拉萨周围的地方已经开始下雪，再加上西藏地区的海拔比较高，气温低。所以一定要带防寒的衣物。

旅游可以开阔视野，放松心情，但是健康始终是最重要的。大家在为旅游做准备的同时，千万不要忽视了身体健康这个最重要的前提。

## 注　释

**高原反应**：指人到达一定高度后，身体为适应因海拔高度而产生的自然生理反应。症状一般表现为：头痛、胸闷、呕吐、耳鸣、厌食、微烧、乏力等。

## 练习 Exercises

**一、快速阅读课文后，完成以下练习**

（一）根据课文内容，选择正确答案

1. 去某些地方旅游的时候，身体要做好准备。但文中没提到哪个地方？
   A. 海边　　　　　　　　　B. 西藏
   C. 高山　　　　　　　　　D. 沙滩

2. 海南岛留给人们的印象，文中没提到哪一项？
   A. 沙滩　　　　　　　　　B. 阳光
   C. 椰子树　　　　　　　　D. 海鲜

3. 去西藏前不应该锻炼身体的原因是什么？
   A. 身体容易增高　　　　　B. 容易增加心脏负担
   C. 容易感冒　　　　　　　D. 容易影响食欲

4. 去西藏前不需要做以下哪一项准备？
   A. 多吃蔬菜水果　　　　　B. 停止锻炼
   C. 带好防寒衣物　　　　　D. 预防感冒

（二）根据课文内容，判断正误

（　）1. 海南岛的阳光很强烈。

（　）2. 去海南岛旅行，应该多吃些海鲜。

（　）3. 去西藏之前，一定要把身体锻炼好。

（　）4. 西藏十月份就开始下雪了。

（　）5. 身体健康是准备出游的重要前提。

第三课　健康出游

二、精读课文后，完成以下练习

（一）根据课文内容，选择画线词语在文中的意思

1. 如果没有健康的身体，会直接影响到旅游的<u>兴致</u>。

　　A. 高兴　　　　　　　　B. 心思

　　C. 情绪　　　　　　　　D. 想法

2. 西藏是神秘和<u>令人向往</u>的。

　　A. 让人知道方向　　　　B. 让人很想去

　　C. 给人指明方向　　　　D. 给人希望的

3. 许多人认为一定要先把身体锻炼好，才能克服到达西藏后的高原反应，这是一个<u>误区</u>。

　　A. 错误的想法　　　　　B. 错误的地区

　　C. 没有人的地区　　　　D. 高原地区

4. 去西藏前不要<u>刻意</u>锻炼身体。

　　A. 很刻苦　　　　　　　B. 很努力

　　C. 特别注意　　　　　　D. 特意

5. 因为经过锻炼后的身体<u>耗</u>氧量增大，增加心脏负担，反而容易引起高原反应。

　　A. 使……变少　　　　　B. 使……没有

　　C. 解决　　　　　　　　D. 增加

（二）根据课文内容，选择下列句子的正确解释

1. 靠海吃海，海鲜当然是首选食品，但一定不要吃太多。

　　A. 在海边，应该多吃些海里的食物。

　　B. 在海边，海鲜是人们最喜欢的食物。

　　C. 在海边，人们首先想到吃海鲜，但是不能过量。

　　D. 到海边购物，应该选择海鲜。

2. 有些小摊上的食物并不卫生，所以最好不要轻易去尝。

　　A. 很多人喜欢吃小摊上的食物。

B. 有些小摊上的食物不干净，还是不要去尝。

C. 可以去尝一尝小摊上的食物。

D. 小摊上的食物可以轻轻地尝一尝。

3. 在高原地区最怕的是感冒，一旦得了感冒，头痛咳嗽很快会引发别的疾病。

A. 在高原地区，感冒是最严重的病。

B. 在高原地区，感冒很难治愈。

C. 在高原地区，一般不会感冒。

D. 在高原地区，得了感冒很容易引起别的病。

4. 十月起，拉萨周围的地方已经开始下雪，再加上西藏地区的海拔比较高，气温低。

A. 十月份，西藏地区已经开始变冷了。

B. 十月份是西藏最冷的时候。

C. 西藏是中国最冷的地区。

D. 十月份，只有拉萨地区下雪。

## 三、泛读课文后，完成以下练习

（一）下面哪一项和作者的观点不同

A. 去海南岛旅行，要注意防晒。

B. 去海南岛旅游，不要吃太多的海鲜。

C. 去西藏旅游前，要注意预防感冒。

D. 去西藏旅行前，要先把身体锻炼好。

（二）根据课文内容，回答问题

1. 去海南岛旅游，应该注意哪些方面的问题？

2. 去西藏旅游前，应该做好哪些方面的准备？

3. 健康出游，你认为还应该注意哪些问题？

## 第三课　健康出游

### 生词　New words

| # | 词 | 拼音 | 英文 |
|---|---|---|---|
| 1. | 直接 | zhíjiē | direct |
| 2. | 兴致 | xìngzhì | spirit |
| 3. | 烈日 | lièrì | the burning sun |
| 4. | 沙滩 | shātān | beach |
| 5. | 椰子 | yēzi | coconut |
| 6. | 充足 | chōngzú | abundant |
| 7. | 强烈 | qiángliè | intense |
| 8. | 防晒 | fángshài | shiningproof |
| 9. | 墨镜 | mòjìng | sunglasses |
| 10. | 阳伞 | yángsǎn | sunshade |
| 11. | 防晒霜 | fángshàishuāng | sunscreen |
| 12. | 海鲜 | hǎixiān | seafood |
| 13. | 消化 | xiāohuà | to digest |
| 14. | 预防 | yùfáng | to prevent |
| 15. | 轻易 | qīngyì | rashly |
| 16. | 带领 | dàilǐng | to lead |
| 17. | 神秘 | shénmì | mystic |
| 18. | 令人向往 | lìngrén xiàngwǎng | to be attracted toward |
| 19. | 克服 | kèfú | to overcome |
| 20. | 误区 | wùqū | mistake |
| 21. | 刻意 | kèyì | sedulously |

| 22. | 耗 | hào | to cost |
| 23. | 治愈 | zhìyù | to treat or cure |
| 24. | 疾病 | jíbìng | disease |
| 25. | 海拔 | hǎibá | altitude |
| 26. | 前提 | qiántí | premise |

##  Proper nouns

| 1. | 海南岛 | Hǎinán Dǎo | Hainan Island |
| 2. | 西藏 | Xīzàng | Tibet |
| 3. | 拉萨 | Lāsà | Lasa (capital of Tibet) |

### 如何以防万一

夏天到了,很多地方的气温都很高,人们这时喜欢选择去比较凉爽的地区避暑。这个季节是旅游的高峰,而出门旅游最重要的是安全,应该如何选择旅游保险呢?

如果是由旅行社组织出游,游客首先应该买一份旅游意外保险。专家建议,如果是短期旅游,最好选择保险期等于或长于旅游时间的保险。一般保险期是从出发前一天的零时或前几个小时开始算起的。此外,旅游意外保险通常是团购的,游客可以通过旅行社购买。保费从数十元到数百元不等,相对应的保险金额也从数万元至数十万元不等。

其次,除了购买旅游意外保险,还应该买一份交通意外保险。虽然两者都是对旅途中的意外提供保障,但还是有差别的。差别主要是保障的范围不同:旅游意外保险主要是为整个旅途提供24小时的全国或全球保障;而交通意外保险是为游客进出交通工具这段时间内的风险提供保障。如果游客在住的地方或者景点发生意外,交通意外保险就没有用了。

而意外险的保额是可以相加的。例如:一位游客为自己买了10万元的旅游意外保险和10万元的交通意外保险。如果这份交通意外保险规定的保额是50万元,那么游客在飞机上发生意外最高可以获得60万元赔偿,而下了飞机在旅游景点发生意外最高只能获得10万元的赔偿。

## 练习 Exercises

一、根据短文内容,判断正误

( ) 1. 夏天人们喜欢去登山。

( ) 2. 出门旅游最重要的是买一份保险。

(　) 3. 短期旅游最好选择保险期不少于旅游时间的保险。

(　) 4. 游客可以通过旅行社购买旅游意外保险。

(　) 5. 意外险的保额是不能相加的。

## 二、根据课文内容，回答问题

1. 旅游意外保险的保险期是从什么时候开始算的？

2. 旅游意外保险和交通意外保险有什么不同？

3. 一位游客在住宿的酒店发生了意外，如果他买了15万元的旅游意外保险和5万元的交通意外保险，那么可能的最高赔偿是多少？

第四课　住什么酒店最划算

# 第四课

# 住什么酒店最划算

热点话题　Hot topics

1. 外出旅行选择酒店，你会考虑哪些因素？
2. 你认为怎样才能找到又便宜又舒服的酒店？

课文　Text

外出旅行，相信不少人都曾为住什么酒店最划算而伤脑筋。下面两种思路，或许可以帮你选择最划算的酒店。

**网上订房比门市价便宜**

大部分酒店的门市价，都要比网上订房价贵出30%左右，因此对于要省钱的自助游客来说，门市价订房是不可取的。如果能提前在网上货比三家之后，进行预订，还是能省下不少钱的。

如果没有事先预订，到达酒店后，要讨价还价。一些酒店的住宿价格，可以还价，一般为标价的60%~80%。因此，切不可不问价格,就急于办理住宿登记手续,应先商议价格,看看是否有还价的余地,然后再办理入住手续。时间允许的话,也可多跑几家,进行比较。从安全保障及吃住卫生的角度来看,选择住宿应考虑档次较高的宾馆、酒店、招待所,切不可为了省钱,而入住那些环境较差的个体旅店。

**打时间差**

如果你不想花太多的钱,又想在旅游中玩得好,那么就要善于打时间差去节约旅游中的开支。首先,要尽量避开旺季,在淡季时出游。一般来说,景点都有淡季和旺季之分,在淡季出游,不仅车好坐,而且由于客人少,一些宾馆在住宿上有优惠,可以打折,有时折扣甚至在50%以上。在吃饭的问题上,饭店也会根据淡季的实际情况有不同的优惠。因此,选择淡季出游要比旺季在费用支出上少许多。

出游时,要精心计划好玩的地方和所需时间,尽量把日程排满,把路线安排好。如果是早上到,不要马上去找住宿,因为这时候很多房间可能还没退房。而且背着包去不好还价,可以把包存在火车站,先去玩,边玩边留意有没有合适的宾馆,黄昏时候再去看房、还价。

第四课　住什么酒店最划算

练习　Exercises

一、快速阅读课文后，完成以下练习

（一）根据课文内容，选择正确答案

1. 跟网上的价格相比，部分酒店的门市价怎么样？
   A. 贵一些　　　　　　　B. 便宜一些
   C. 差不多　　　　　　　D. 文中没说

2. 一些城市的住宿价格，大多可以还价，一般为标价的多少？
   A. 50%~60%　　　　　　B. 60%~80%
   C. 70%~90%　　　　　　D. 40%~50%

3. 当您到达旅游目的地后，应该先_____然后再办理入住手续。
   A. 出去游玩　　　　　　B. 商议酒店的住宿价格
   C. 出去买东西　　　　　D. 找一个最便宜的酒店

4. 下面哪一个不是淡季旅游的好处？
   A. 宾馆的住宿价格可以打折　　B. 容易坐上车
   C. 吃饭比旺季便宜　　　　　　D. 可以找到最干净的酒店

（二）根据课文内容，判断正误

（　）1. 酒店的网上价格比门市价贵一些。

（　）2. 到达旅游目的地后，有时间的话，应该多问几家酒店，比较价格。

（　）3. 选择酒店时，应该选择最便宜的。

（　）4. 淡季出游，一些宾馆在住宿价格上有优惠。

（　）5. 如果是早上到达目的地，应该赶快去找酒店。

二、精读课文后，完成以下练习

（一）根据课文内容，选择画线词语在文中的意思

1. 外出旅行，相信不少人都曾为住什么酒店最<u>划算</u>而伤脑筋。
   A. 计算　　　　　　　　B. 又便宜又舒服
   C. 舒服　　　　　　　　D. 又干净又安全

2. 对于要省钱的自助游客来说，门市价订房是<u>不可取</u>的。
   A. 不能得到　　　　　　B. 不能建议
   C. 不能拿到　　　　　　D. 不能采用

3. 一些酒店的住宿价格，可以还价……<u>切</u>不可不问价格。
   A. 一定　　　　　　　　B. 亲切
   C. 急切　　　　　　　　D. 必需

4. 如果你不想花太多的钱，……那么就要善于<u>打</u>时间差去节约旅游中的开支。
   A. 定出　　　　　　　　B. 考虑
   C. 花费　　　　　　　　D. 算计

5. 先去玩，边玩边<u>留意</u>有没有合适的宾馆。
   A. 故意　　　　　　　　B. 留着
   C. 解决　　　　　　　　D. 注意

（二）根据课文内容，选择下列句子的正确解释

1. 外出旅行，相信不少人都曾为住什么酒店最划算而伤脑筋。
   A. 不少人很不喜欢外出旅行。
   B. 不少人外出旅行不喜欢住酒店。
   C. 不少人外出旅行住酒店很头疼。
   D. 不少人觉得外出旅行选又便宜又舒服的酒店很难。

2. 一些酒店的住宿价格，可以还价，一般为标价的60%~80%。
   A. 一些城市的酒店住宿，还价后比原来的便宜些。
   B. 一些城市的酒店都可以还价。
   C. 一些城市的住宿价格本来就很便宜。

## 第四课　住什么酒店最划算

D. 一些城市的住宿价格，还价以后还是很贵。

3. 要善于打时间差去节约旅游中的开支。

　　A. 旅游的时间很重要，要选择最好的季节去。

　　B. 选择淡季去旅行的话，可以节省一些钱。

　　C. 旺季去旅行可以节省一些时间。

　　D. 选择合适的旅行时间是最重要的。

4. 在吃饭的问题上，饭店也会根据淡季的实际情况有不同的优惠。

　　A. 淡季的时候，在饭店吃饭最便宜。

　　B. 淡季的时候，在饭店吃饭价格会便宜一些。

　　C. 淡季是出游的最好的时间。

　　D. 淡季的时候，饭店赚钱很少。

## 三、泛读课文后，完成以下练习

（一）下面哪一项和作者的观点不同

　　A. 酒店的网上价格比门市价便宜。

　　B. 到达目的地后，不可以急着办理住宿手续。

　　C. 选择住宿应考虑便宜一点的宾馆、酒店、招待所。

　　D. 在出游时，要精心计划好玩的地方和所需时间，尽量把日期排满，把路线安排好。

（二）根据课文内容，回答问题

1. 淡季出游有哪些好处？
2. 怎样才能找到最划算的酒店？

生词　New words

1. 划算　　　　　　　huásuàn　　　　　　　cost effective

| | | |
|---|---|---|
| 2. 伤脑筋 | shāng nǎojīn | bothersome |
| 3. 思路 | sīlù | train of thought |
| 4. 门市价 | ménshìjià | rack rate |
| 5. 货比三家 | huò bǐ sān jiā | shop around |
| 6. 预订 | yùdìng | to book |
| 7. 讨价还价 | tǎo jià huán jià | to bargain |
| 8. 办理 | bànlǐ | to handle |
| 9. 手续 | shǒuxù | procedure |
| 10. 商议 | shāngyì | to negotiate |
| 11. 余地 | yúdì | room |
| 12. 允许 | yǔnxǔ | to permit |
| 13. 档次 | dàngcì | rank |
| 14. 尽量 | jǐnliàng | as far as possible |
| 15. 旺季 | wàngjì | peak season |
| 16. 淡季 | dànjì | slack season |
| 17. 打折 | dǎ zhé | to discount |
| 18. 折扣 | zhékòu | discount |
| 19. 支出 | zhīchū | expense |
| 20. 精心 | jīngxīn | elaborately |
| 21. 路线 | lùxiàn | route |
| 22. 存 | cún | to deposit |
| 23. 留意 | liúyì | to look out |

24. 黄昏　　　　　huánghūn　　　　dusk

## 两种最受欢迎的酒店

据统计，快捷酒店和青年旅舍越来越成为人们外出旅行住宿的首选。快捷酒店又称经济型酒店，在大城市，快捷酒店是最好的选择，每天只要100多元就能在一个高消费城市中解决住宿问题。国外对经济型酒店的划分主要以价格为标准，结合国内特点，经济型酒店以大众观光旅游者和中小商务旅行者为主要服务对象，以客房为唯一产品或核心产品，价格低廉，一般在300元以下，服务规范、性价比也比较高。

青年旅舍是一个价格合理并且能够使留宿者在友好的氛围中舒适过夜的住宿场所，它也是一个能够让你用最低的价钱来了解所在国家和当地的风土人情的最佳场所。青年旅舍以床位定价，一般一个床位收费相当于在当地吃一套快餐的价格，大约为三星级酒店单人房价的十分之一。

每家青年旅舍都有一个很大的厨房，各种锅、碗、瓢、盆、刀、叉、勺随意取用，水龙头既提供冷水，也有热水。为了防止拿错东西，青年旅舍一般都要求客人将自己的食品用塑料袋装起来，里面放一张纸条，标明自己的姓名、房号及食品的采购日期。厨房中间有一张操作平台，可供多人同时使用。另外，在厨房的某一位置，还摆放着由青年旅舍免费为客人提供的各种调味品，甚至连面粉也是免费供应的。如果运气好，还会供应免费蔬菜。当然有些旅舍也会提供餐饮服务，收费合理。

## 练习 Exercises

**一、根据短文内容，判断正误**

（　）1. 快捷酒店又被称作青年旅舍。

（　）2. 快捷酒店的住宿价格一般在300元以下。

（　）3. 青年旅舍每个床位的价格是三星级酒店的五分之一。

（　）4. 每家青年旅舍都有一个很大的厨房。

（　）5. 有些青年旅舍会提供餐饮服务，但价格比较贵。

**二、根据课文内容，回答问题**

1. 你外出旅游的时候，一般会选择什么样的酒店？
2. 你住过青年旅舍吗？它一般怎么确定房价？
3. 快捷酒店和青年旅舍各有什么优点？

## 第四课  住什么酒店最划算

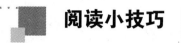 阅读小技巧    Reading skills

### 培养良好的阅读习惯

良好的阅读习惯不但能提高我们的阅读速度,还能让我们尽享阅读的乐趣。相反,坏的阅读习惯则会影响我们的阅读能力的提高。那么,坏的阅读习惯有哪些呢?

(1) "指读",即用手指或笔尖指着文章逐词逐行阅读。这样不仅影响了阅读速度,也影响了对文章整体的、连贯的理解。因此,阅读时应摆脱这种比较初级的阅读方法和习惯。

(2) "唇读",即在阅读中喜欢读出声来,或即使不出声,嘴唇仍在蠕动,或脑子里也在想着读音,无形当中影响了阅读的速度。

(3) "回读",即在阅读中遇到生词或不熟悉的短语时,返回句首甚至段首重读,大大降低了阅读的效率。因此,泛读时应尽量减少"回读"次数。

(4) "译读",即阅读时词典不离手,只要一遇到生词便丢下书去查词典。这样不仅影响了阅读速度,也破坏了阅读的连贯性,影响对文章的理解。其实,有些生词的意思可以根据上下文进行猜测,而那些不妨碍对文章内容理解的生词则可以忽略过去。

## 第五课

# 北京烤鸭

### 热点话题 Hot topics

1. 你吃过北京烤鸭吗？
2. 你知道哪些中国名菜？

### 课文 Text

说起北京最著名的菜，大概要算北京烤鸭了。北京烤鸭可以说是<u>驰名中外</u>，人们常说"到北京，两件事：游长城，吃烤鸭"。外国朋友来北京，更要尝尝北京烤鸭的味道。在2008年北京奥运会期间，北京烤鸭是最受欢迎的食品，获得了奥运美食的"金牌"。

吃烤鸭最好的地方应该是北京前门外、和平门、王府井的"全聚德烤鸭店"。这家烤鸭店是著名的中华老字号，始建于1864年（清同治三年），有非常悠久的历史。曾有近二百位各国

## 第五课　北京烤鸭

元首先后到"全聚德"烤鸭店吃正宗的北京烤鸭。

北京烤鸭独特的美味一半在做法，另一半在吃法。

不知道你有没有想过：烤鸭为什么不能直接啃着吃？这是因为鸭子比较肥，直接啃着吃，会非常油腻。现在北京烤鸭主要有三种吃法：第一种，把准备好的甜面酱，抹在面饼上，夹几片烤鸭片放在上面，再放上几根葱丝、黄瓜丝或萝卜丝，把面饼卷起来，这是最通常的吃法。第二种，将烤鸭蘸着蒜泥、酱油吃，也可以和萝卜等一起吃。这种吃法使烤鸭的鲜味中更多了一些辣味，且蒜泥可以解油腻，烤鸭的味道更为独特。第三种，有些顾客不喜欢吃葱、蒜，却喜欢把鸭皮蘸了细细的白糖来吃，这种吃法特别适合女士和小孩儿。吃烤鸭一般不用筷子，用手的时候反而比较多。

此外，烤鸭一定要趁热吃，鸭子凉了，味道就全没了，所以吃烤鸭最好能在烤鸭店里现买现吃。

据了解，北京烤鸭还很有营养。据专家介绍，鸭肉中有蛋白质等多种营养，而烤鸭常常要和大葱、大蒜、黄瓜等一起吃，这些食品中的维生素C和膳食纤维等，具有降低胆固醇和帮助消化的功能。

## 练习 Exercises

**一、快速阅读课文后，完成以下练习**

（一）根据课文内容，选择正确答案

1. 有近二百位各国元首先后到"全聚德"烤鸭店吃烤鸭，是因为什么？
   A. "全聚德"的烤鸭便宜　　　　B. "全聚德"是最早卖烤鸭的店
   C. "全聚德"的烤鸭正宗　　　　D. "全聚德"的服务好

2. 吃烤鸭不能直接啃着吃，这是为什么？
   A. 直接啃着吃手会很脏　　　　B. 直接啃着吃很油腻
   C. 直接啃着吃不方便　　　　　D. 直接啃着吃没有礼貌

3. 下面哪种吃烤鸭的方法最适合女士和小孩儿？
   A. 直接啃着吃　　　　　　　　B. 鸭皮蘸白糖一起吃
   C. 和蒜泥、酱油一起吃　　　　D. 和甜面酱、葱、黄瓜一起吃

4. 吃烤鸭最好在烤鸭店里现买现吃，这是为什么？
   A. 烤鸭凉了不好吃　　　　　　B. 在店里吃比较干净
   C. 烤鸭只有烤鸭店里有　　　　D. 烤鸭店的烤鸭比较好吃

（二）根据课文内容，判断正误

（　）1. 旅游者到北京只有两件事：游长城和吃烤鸭。

（　）2. 全聚德烤鸭店已有近150年的历史了。

（　）3. 女士和小孩儿都喜欢吃白糖。

（　）4. 北京烤鸭凉了更好吃。

（　）5. 鸭肉有蛋白质等多种营养。

## 第五课　北京烤鸭

二、精读课文后，完成以下练习

（一）根据课文内容，选择画线词语在文中的意思

1. 北京烤鸭可以说是<u>驰名中外</u>。
   - A. 在中国很有名
   - B. 在全世界都很有名
   - C. 在外国更有名
   - D. 把名字告诉所有人

2. 曾有近二百位各国元首先后到"全聚德"烤鸭店吃<u>正宗</u>的北京烤鸭。
   - A. 真正的
   - B. 正派的
   - C. 宗教的
   - D. 有名的

3. 烤鸭为什么不能直接<u>啃</u>着吃？
   - A. 大口地吃
   - B. 慢慢地嚼
   - C. 一点一点咬
   - D. 一点一点咽

4. 这是最<u>通</u>常的吃法。
   - A. 一般
   - B. 方便
   - C. 常常
   - D. 简单

5. 这种吃法使烤鸭的鲜味中更多了一些辣味，且蒜泥可以<u>解</u>油腻。
   - A. 增加
   - B. 使……没有
   - C. 解决
   - D. 使……变少

6. 维生素C和膳食纤维等，具有降低胆固醇和帮助消化的<u>功能</u>。
   - A. 能力
   - B. 作用
   - C. 能干
   - D. 可能

（二）根据课文内容，选择下列句子的正确解释

1. 北京烤鸭是最受欢迎的食品，获得了奥运美食的"金牌"。
   - A. 在奥运美食中，人们最喜欢北京烤鸭。
   - B. 北京烤鸭在奥运美食中是最贵的。
   - C. 北京烤鸭在奥运会上得到了金牌。
   - D. 北京烤鸭在奥运美食中是最有名的。

2. 这是最通常的吃法。

　　A. 这样吃最有意思。　　　　B. 一般吃烤鸭都这样吃。

　　C. 这样吃最简单。　　　　　D. 大家都这样吃烤鸭。

3. 吃烤鸭一般不用筷子，用手的时候反而比较多。

　　A. 吃烤鸭不能用筷子。　　　B. 吃中国菜都用手。

　　C. 烤鸭一般用手吃。　　　　D. 在中国，吃饭都用筷子。

4. 这些食品中的维生素C和膳食纤维等，具有降低胆固醇和帮助消化的功能。"这些食品"不包括哪一项？

　　A. 黄瓜　　　B. 大葱　　　C. 白糖　　　D. 大蒜

### 三、泛读课文后，完成以下练习

（一）下面哪一项和作者的观点不同

　　A. "全聚德烤鸭店"是中国有名的烤鸭店。

　　B. 北京烤鸭可以直接啃着吃。

　　C. 北京烤鸭很有营养。

　　D. 外国朋友来北京一定要尝尝北京烤鸭。

（二）根据课文内容，回答问题

　1. 吃北京烤鸭的最佳去处是哪里？为什么？

　2. 北京烤鸭有哪些吃法？你最喜欢哪一种？

　3. 北京烤鸭有哪些营养？

## 生 词　New words

| 1. 驰名中外 | chímíng zhōngwài | famous both at home and abroad |
| 2. 金牌 | jīnpái | gold medal |
| 3. 元首 | yuánshǒu | the head of state |

| | | |
|---|---|---|
| 4. 正宗 | zhèngzōng | authentic; orthodox |
| 5. 独特 | dútè | unique |
| 6. 啃 | kěn | to nibble |
| 7. 油腻 | yóunì | fatty; greasy |
| 8. 甜面酱 | tiánmiàn jiàng | sweet fermented flour paste |
| 9. 抹 | mǒ | to wipe |
| 10. 葱 | cōng | green onion |
| 11. 卷 | juǎn | to roll up |
| 12. 通常 | tōngcháng | usually |
| 13. 蘸 | zhàn | to dip in |
| 14. 蒜 | suàn | garlic |
| 15. 酱油 | jiàngyóu | soy sauce |
| 16. 辣 | là | spicy; hot |
| 17. 解 | jiě | to relieve |
| 18. 反而 | fǎn'ér | contrary to expectations |
| 19. 营养 | yíngyǎng | nutrition |
| 20. 蛋白质 | dànbáizhì | protein |
| 21. 维生素 | wéishēngsù | vitamin |
| 22. 膳食纤维 | shànshí xiānwéi | dietary fiber |
| 23. 降低 | jiàngdī | to lower |
| 24. 胆固醇 | dǎngùchún | cholesterol |
| 25. 功能 | gōngnéng | function |

## 专名　Proper nouns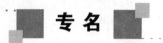

1. 前门外　　　　Qiánménwài　　　name of a place in Beijing
2. 和平门　　　　Hépíng Mén　　　name of a place in Beijing
3. 王府井　　　　Wángfǔjǐng　　　name of a place in Beijing
4. 全聚德烤鸭店　Quánjùdé Kǎoyādiàn　Quanjude Roasted Duck Restaurant

## 拓展阅读　Extended reading

### 南翔小笼包

用筷子轻轻夹起一个小笼包，咬一口，嗯——，味道好极了。上海豫园的南翔小笼包真是名不虚传。否则怎么能吸引那么多的顾客呢？

不过中国各地都有包子，有名的包子也很多，这南翔的小笼包又有什么独特的地方呢？首先，它的做法十分讲究，皮薄，汤汁丰富，咬破后，汤汁吸入口中，口感特别奇妙。其次，它有代表性，它是上海名小吃，也是中国的名小吃。

豫园的小笼包确实久享盛名，但提起它的发源地，你也许还并不清楚，那便是上海嘉定的南翔镇。

南翔小笼包已有百年历史。最初的创始人是一家点心店的老板，后来他的儿子才在豫园开了分店。也就是在繁华喧闹的豫园，这来自南翔小镇的小笼包，越卖越火，最终成为了驰名中外的中华小吃。

今天的豫园是上海重要的旅游景点之一，它以悠久的历史文化吸引了无数的游客，而南翔小笼包则用它独特的美味吸引了无数天下的食客。所以有人说，到上海必游豫园，游豫园必尝南翔小笼。今天，南翔小笼包可以说已不再是一种单纯的小吃，而简直就是一门艺术了。

蘸上香醋，就着姜丝，咬一口南翔小笼包，然后细细品味，品味好吃的南翔小笼包，品味上海传统的饮食文化。

一、根据短文内容，判断正误

（  ）1. 南翔小笼包是上海有名的小吃。

（  ）2. 南翔小笼包的做法很讲究。

（  ）3. 豫园小笼包的发源地是杭州的南翔镇。

（  ）4. 南翔小笼包的创始人是一家蛋糕店的老板。

（  ）5. 一般来说中外游客来豫园必尝南翔小笼。

二、根据课文内容，回答问题

    1. 南翔小笼包有什么独特的地方？

    2. 你去过豫园吗？吃过豫园的南翔小笼包吗？

    3. 你知道上海还有哪些有名的小吃吗？

# 第六课

# 南米北面与北粗南细

**热点话题　　Hot topics**

1. 你能说出哪些用面做的食品？
2. 在你们国家新年要吃些什么？

**课文　　Text**

在中国，有"南米北面、北粗南细"的说法，而中国南北方地理环境的差别是形成这种不同饮食习惯的主要原因。

先说"南米北面"吧。因为北方主要种植小麦，南方主要种植水稻，所以在北方，面是主食，面条、饺子、馒头和包子等都是面做的。而在南方，米是主食，年糕、汤圆、粽子等食品都是米做的。北方人认为米饭是吃不饱的，而南方人认为面食一般只能当点心。

此外，从年夜饭的不同也能看出"南米北面"来。在中国，到了除夕，家家户户都会吃年夜饭，迎接新年。北方人吃年夜饭不可以没有饺子，除夕吃饺子有"招财进宝"的意思。在南方，年夜饭则一定要吃年糕和鱼，年糕表示"年年高"，而鱼有"年年有余"的意思。

而"南细北粗"主要是指南方饮食比较细腻，北方饮食比较粗犷。首先，表现在菜量的多少上。在北方，一盘菜不但量多，装菜的盘子也很大。所以东北人到上海，对那里的小碗、小盘看不惯，也吃不饱。而南方人去北方就觉得菜的量太多，吃得太饱了，很不舒服。其次，做菜的方式也不一样。比如，炖是东北人做菜经常用的方法，什么都炖着吃，省了很多事。而在江苏，一条鱼就可以做出一百多道不同的菜。

所以南方饮食走向北方，北方饮食来到南方都要注意与当地饮食习惯结合。北京全聚德烤鸭有"中国第一美食"的美名，可近年来在杭州、广州这些南方城市，全聚德都相继关门，原因是不符合这些地区人们的口味。杭州人喜欢清淡的菜，觉得烤鸭太油腻，而广州人则不习惯吃大葱和酱。可见地理环境的差别对饮食习惯还是有很大影响的。

练习 Exercises

一、快速阅读课文后，完成以下练习

（一）根据课文内容，选择正确答案

1. 在中国，南北方形成不同饮食习惯的主要原因是什么？
   A. 南北方地理环境不同　　　B. 南北方人喜欢吃的东西不同

## 第六课  南米北面与北粗南细

  C. 北方比较冷而南方比较热　　D. 北方人和南方人的性格不一样

2. 在中国北方，面是主食，主要是什么原因？

  A. 北方人认为米饭吃不饱　　B. 北方人性格豪爽

  C. 北方种植小麦　　D. 北方人喜欢吃面条、饺子这些食物

3. 下面哪些食品是南方人年夜饭一定要吃的？

  A. 饺子和米饭　　B. 馒头和年糕

  C. 鱼和面条　　D. 年糕和鱼

4. 全聚德烤鸭店在杭州、广州相继关门的原因是什么？

  A. 全聚德的烤鸭不好吃　　B. 杭州人和广州人不喜欢吃鸭子

  C. 全聚德的烤鸭太贵了　　D. 全聚德烤鸭不符合南方人的口味

（二）根据课文内容，判断正误

  （　）1. 中国北方只种小麦不种水稻。

  （　）2. 南方人认为面食不能做主食，只能做点心。

  （　）3. 在南方装菜的盘子比北方小。

  （　）4. 全聚德烤鸭在南方城市生意很好。

  （　）5. 广州人觉得烤鸭太油腻。

## 二、精读课文后，完成以下练习

（一）根据课文内容，选择画线词语在文中的意思

1. 中国南北方地理环境的<u>差别</u>是形成这种不同饮食习惯的主要原因。

  A. 差距　　B. 不同之处

  C. 距离　　D. 不好之处

2. 东北人到上海，对那里的小碗、小盘<u>看不惯</u>，也吃不饱。

  A. 不习惯看到　　B. 看不起

  C. 看了不习惯　　D. 看不了

3. 北京全聚德烤鸭有"中国第一美食"的<u>美名</u>。

  A. 好的名声　　B. 有名的名字

C. 名人起的名字　　　　　D. 好听的名字

4. 在杭州、广州这些南方城市，全聚德都<u>相继</u>关门。

A. 继续　　　　　　　　　B. 一个接着一个

C. 全部　　　　　　　　　D. 互相招呼着

5. <u>可见</u>地理环境的差别对饮食习惯还是有很大影响的。

A. 看得到　　　　　　　　B. 看得懂

C. 可以看见　　　　　　　D. 可以知道

（二）根据课文内容，选择下列句子的正确解释

1. 北方人吃年夜饭不可以没有饺子。

A. 北方人吃年夜饭没有饺子也可以。

B. 在北方人们年夜饭只吃饺子。

C. 在北方年夜饭一定要吃饺子。

D. 北方人只喜欢吃饺子。

2. "南细北粗"主要是指南方饮食比较细腻，北方饮食比较粗犷。

A. 南方人性格比较温和，北方人性格比较豪爽。

B. 南方人做菜比较细心，北方人做菜比较粗心。

C. 南方主要出产细粮，北方则主要出产粗粮。

D. 南方人在吃喝方面比较细致，北方人则比较豪放。

3. 东北人到上海，对那里的小碗、小盘看不惯，也吃不饱。

A. 东北人不喜欢上海菜。

B. 东北人不习惯用小碗小盘。

C. 上海菜的量很少，所以吃不饱。

D. 上海人用的碗和盘子都很小。

4. 在中国，到了除夕，家家户户都会吃年夜饭，迎接新年。

A. 中国每个家庭都会在除夕吃年夜饭迎接新年。

B. 在中国大家吃年夜饭是为了迎接新年。

C. 在中国到了除夕大家只吃年夜饭不做其他的事情。

D. 中国每个家庭的孩子都要在除夕吃年夜饭。

## 第六课 南米北面与北粗南细

### 三、泛读课文后,完成以下练习

(一) 下面哪一项和作者的观点不同

A. 上海菜没有东北菜好吃。
B. 中国南方饮食比北方细腻。
C. 从年夜饭的不同也能看出中国南北方饮食习惯的不同。
D. 地理环境的差别对饮食习惯的影响很大。

(二) 根据课文内容,回答问题

1. 在中国,除夕要吃什么?为什么要吃这些东西呢?
2. 从哪些方面可以看出"北粗南细"?
3. 在你们国家,不同的地方有哪些不同的饮食习惯?

### 生词  New words

| | | | |
|---|---|---|---|
| 1. | 地理 | dìlǐ | geographical |
| 2. | 环境 | huánjìng | environment |
| 3. | 差别 | chābié | distinction |
| 4. | 饮食 | yǐnshí | food and drink |
| 5. | 种植 | zhòngzhí | to plant |
| 6. | 小麦 | xiǎomài | wheat |
| 7. | 水稻 | shuǐdào | paddy rice |
| 8. | 面 | miàn | flour |
| 9. | 主食 | zhǔshí | staple diet |

| | | |
|---|---|---|
| 10. 年夜饭 | niányè fàn | New Year's Eve dinner |
| 11. 除夕 | chúxī | New Year's Eve |
| 12. 家家户户 | jiā jiā hù hù | every family |
| 13. 招财进宝 | zhāo cái jìn bǎo | to bring in wealth and treasure |
| 14. 年年有余 | nián nián yǒu yú | be abundant every year |
| 15. 细腻 | xìnì | exquisite |
| 16. 粗犷 | cūguǎng | rough; boorish |
| 17. 炖 | dùn | to stew |
| 18. 结合 | jiéhé | to combine |
| 19. 美名 | měimíng | good reputation |
| 20. 相继 | xiāngjì | one after another |
| 21. 口味 | kǒuwèi | taste |
| 22. 地区 | dìqū | area; region |
| 23. 清淡 | qīngdàn | not greasy or strongly flavoured |
| 24. 可见 | kějiàn | it is thus clear that |

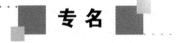 

## Proper nouns

| | | |
|---|---|---|
| 江苏 | Jiāngsū | name of a province in China |

## 拓展阅读　Extended reading

### 东辣西酸

如果说"南米北面"反映了中国南北方主食结构上的差别，那么"东辣西酸"说的则是中国东西部地区饮食口味上的不同了。

山西人喜欢醋，可以说是"西酸"之首。他们吃饭时，饭桌上会摆放上醋瓶子调味。另外，广西人爱吃酸笋，而且越酸越好，越酸人们越喜欢。

那么山西等西部地区的人为什么那么爱吃酸呢？原来这些地方的水土中含有大量的钙，因此他们的食物中钙的含量也较多，时间长了容易形成结石。人们发现多吃酸的食物有助于减少结石等疾病。时间长了，他们也就渐渐养成了爱吃酸的习惯。

而湖南、贵州、四川等地的人们喜欢吃辣，在中国有句话叫"贵州人不怕辣，湖南人辣不怕，四川人怕不辣"。

这些地方的人们爱吃辣，与当地潮湿的气候有关。这种气候使人很难出汗，还会感到烦闷不安，容易生病。而吃辣椒能让全身出汗，这样经常吃辣对当地人的健康非常有好处。另外，有的地方气候寒冷，吃辣可以让身体暖和起来。

当然,"东辣西酸"只是个笼统而又相对的说法,并不是绝对的。尤其在今天人口流动性大、交通方便的情况下,各地口味互相影响,人们的喜好也越来越多变。比如,现在各地都能看到来自四川的"麻辣烫"、"麻辣火锅",而在上海等南方城市,东北菜也很受人们的喜爱。

## 一、根据短文内容,判断正误

( ) 1. 山西人喜欢在吃完饭后喝醋。

( ) 2. 人们发现吃酸的食物对减少结石等疾病有好处。

( ) 3. 湖南、贵州、四川等地的气候比较潮湿。

( ) 4. 吃辣对每个人的身体都有好处。

( ) 5. 现在各地都有四川的"麻辣烫"和"麻辣火锅"。

## 二、根据课文内容,回答问题

1. 山西等地的人们为什么喜欢吃酸?
2. "贵州人不怕辣,湖南人辣不怕,四川人怕不辣",这句话是什么意思?
3. 你喜欢吃辣吗?你知道哪些有名的四川菜或东北菜?

# 第七课　说说筷子

1. 在你们国家吃饭需要用哪些餐具？
2. 在中国哪些地方可以看到筷子？

你知道吗？中国是筷子的发源地，中国人用筷子的历史已经有3000多年了，筷子也是世界上一种独特的餐具。而对于中国人来说，筷子是日常生活的一部分，是不能缺少的。

现在筷子的制作越来越精美，已不仅是生活的必需品，也是送礼的好选择。人们可以根据自己的需要选择不同的筷子，比如旅行筷、礼品筷、个性筷等等。

旅行筷是专门为出差旅游的人们设计的，筷子可以变长变短，用完后放进专门的套子里，不占地方，带着也十分方便。有的筷子顶端还有一个"小机关"，里面可以放牙签。现在为了保护环境，不再使用一次性筷子，越来越多的人们开始使用旅行筷。

如果你想把筷子作为礼物送给亲人和朋友，那可以选择礼品筷。比如把西式节日文化与中式筷子结合起来的圣诞节礼品筷，以及又有中式筷子也有打蛋器等西式餐具的各种中西组合餐具。这些结合中西文化的礼品筷也非常适合送给外国朋友。

如果你想让自己的筷子和别人的不一样，可以选择制作一双<u>个性</u>筷。比如在筷子上刻上自己的名字，是不是很特别呢？此外还可以根据自己的生肖和星座，制作生肖筷子、星座筷子。想要更特别的，可以在筷子上刻上各种祝愿的话等等。这一服务吸引了不少<u>追求</u>个性的年轻顾客。

在中国民间，筷子被看作是吉祥之物，成双成对的筷子表示"快快乐乐"。因此，制作精美的筷子常常被当作礼物互相赠送，并且代表着不同的祝愿。如朋友之间送筷子是祝愿对方永远快乐；孩子满月送筷子是希望孩子快快长大；而恋人对筷则表示成双成对、永远在一起。

练习　　Exercises

一、快速阅读课文后，完成以下练习

（一）根据课文内容，选择正确答案

1. 关于"筷子"，下列说法不正确的是哪一项？

　　A. 筷子的发源地是中国　　　　B. 中国人用筷子的历史不到3000年

## 第七课 说说筷子

　　　C. 筷子是一种独特的餐具　　　D. 成双成对的筷子表示"快快乐乐"

2. 下面哪一项不是旅行筷的特点？

　　　A. 带起来很方便　　　　　　B. 不占地方

　　　C. 可以变长变短　　　　　　D. 是为外国朋友设计的

3. 为什么越来越多的人开始使用旅行筷？

　　　A. 为了保护环境　　　　　　B. 因为旅行筷比一次性筷子方便

　　　C. 因为旅行筷比较漂亮　　　D. 因为现在没有一次性筷子了

4. 如果想让自己的筷子和别人的不一样，可以怎么做？

　　　A. 买一双旅行筷　　　　　　B. 买一双礼品筷

　　　C. 制作一双一次性筷子　　　D. 制作一双个性筷

（二）根据课文内容，判断正误

　　（　）1. 筷子对所有人来说都是生活必需品。

　　（　）2. 越来越多的人使用旅行筷是为了保护环境。

　　（　）3. 送旅行筷给外国朋友是个不错的选择。

　　（　）4. 很多年老的人都喜欢制作个性筷。

　　（　）5. 送给朋友一对筷子代表着祝愿对方"快快乐乐"。

## 二、精读课文后，完成以下练习

（一）根据课文内容，选择画线词语在文中的意思

1. 中国是筷子的<u>发源地</u>。

　　　A. 河水流出的地方　　　　　B. 河流经过的地方

　　　C. 某事物起源的地方　　　　D. 某事物发展的地方

2. 旅行筷是<u>专门</u>为出差旅游的人们设计的。

　　　A. 特地　　　　　　　　　　B. 单独

　　　C. 为了　　　　　　　　　　D. 专业

3. （旅行筷）可以变长变短，用完后放进专门的套子里，<u>不占地方</u>。

　　　A. 得到很多方便　　　　　　B. 占用很多空间

C. 占据一定优势 　　　　　D. 取得很大市场

4. 有的筷子<u>顶端</u>还有一个"小机关"。

　　A. 中间的部分　　　　　B. 最下面的部分

　　C. 最小的部分　　　　　D. 最上面的部分

5. 如果你想让自己的筷子和别人的不一样，可以选择制作一双<u>个性</u>筷。

　　A. 个别的性格　　　　　B. 不同的性别

　　C. 和别的不一样　　　　D. 个人的作品

6. 这一服务吸引了不少<u>追求</u>个性的年轻顾客。

　　A. 追赶　　　　　　　　B. 讲究

　　C. 爱慕　　　　　　　　D. 追究

（二）根据课文内容，选择下列句子的正确解释

1. 对于中国人来说，筷子是日常生活的一部分，是不能缺少的。

　　A. 世界上所有人的生活中都不需要筷子。

　　B. 中国人生活中没有筷子也没有关系。

　　C. 中国人的生活中不能没有筷子。

　　D. 世界上所有人的生活中都需要筷子。

2. <u>这些</u>结合中西文化的礼品筷也非常适合送给外国朋友。"这些"是指：

　　A. 生肖筷子和星座筷子。

　　B. 圣诞节礼品筷和各种中西组合餐具。

　　C. 给旅行的人们设计的旅行筷。

　　D. 刻上名字和祝愿语的筷子。

3. 在筷子上刻上自己的名字，是不是很特别呢。

　　A. 在筷子上刻上自己的名字很特别。

　　B. 在筷子上刻上自己的名字没有什么特别的。

　　C. 作者也不知道是不是特别。

　　D. 作者在问别人是不是特别。

4. 这一服务吸引了不少追求个性的年轻顾客。

　　A. 制作个性筷的服务吸引了所有的年轻人。

　　B. 礼品筷吸引了很多追求个性的年轻顾客。

第七课　说说筷子

C. 很多追求个性的年轻人喜欢制作个性筷。

D. 购买个性筷的顾客有很多。

三、泛读课文后，完成以下练习

（一）下面哪一项和作者的观点不同

A. 筷子对中国人来说很重要。

B. 现在的筷子越来越精美了。

C. 筷子只能送给大人不能送给孩子。

D. 人们可以根据自己的需要选择不同的筷子。

（二）根据课文内容，回答问题

1. 如果想把筷子作为礼物送给朋友，可以选择什么筷子？
2. 赠送筷子可以表示哪些不同的祝愿？
3. 你知道为什么成双成对的筷子可以表示"快快乐乐"吗？

## 生词　New words

| | | |
|---|---|---|
| 1. 发源地 | fāyuándì | cradleland |
| 2. 餐具 | cānjù | tableware |
| 3. 制作 | zhìzuò | to make; to manufacture |
| 4. 精美 | jīngměi | fine; delicate |
| 5. 必需品 | bìxū pǐn | necessity |
| 6. 送礼 | sònglǐ | to give sb. a present |
| 7. 礼品 | lǐpǐn | gift; present |
| 8. 个性 | gèxìng | personality |

| | | |
|---|---|---|
| 9. 出差 | chū chāi | to be on a business trip |
| 10. 顶端 | dǐngduān | top; apex |
| 11. 机关 | jīguān | mechanism |
| 12. 牙签 | yáqiān | toothpick |
| 13. 一次性 | yīcìxìng | disposable |
| 14. 亲人 | qīnrén | relative |
| 15. 打蛋器 | dǎdànqì | eggbeater |
| 16. 组合 | zǔhé | association; combination |
| 17. 刻 | kè | to carve |
| 18. 生肖 | shēngxiào | Chinese zodiac |
| 19. 星座 | xīngzuò | constellation |
| 20. 祝愿 | zhùyuàn | to wish |
| 21. 追求 | zhuīqiú | pursue |
| 22. 民间 | mínjiān | folk |
| 23. 吉祥 | jíxiáng | auspicious; propitious |
| 24. 成双成对 | chéng shuāng chéng duì | in pairs |
| 25. 赠送 | zèngsòng | to present as a gift |
| 26. 满月 | mǎnyuè | one full month after birth |

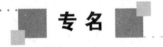 **Proper nouns**

| | | |
|---|---|---|
| 圣诞节 | Shèngdàn Jié | Christmas |

## 拓展阅读 Extended reading

### 用餐礼仪

在中国，吃饭不仅是为了填饱肚子，也是非常重要的社交。因此，无论你是主人还是客人，都要掌握一些中国的用餐礼仪。

进餐前，客人应等主人邀请后才可坐下，而且必须等到所有人都到了才能开始进餐，即使有人迟到也要耐心地等候。如果大家都到了，主人就可以说几句开场白，并宣布开始进餐。进餐期间，主人要承担主动积极的角色，请客人尽情地吃，这也是中国人的传统。

此外，餐具的使用也是有一定的礼仪规范的。中餐的餐具包括盘子、碗、筷子和汤勺。筷子是中餐最主要的餐具，除了喝汤之外，一般都用筷子。用筷子的时候要注意下面几个问题：一是不要玩筷子。如用筷子敲碗是非常失礼的。二是和人交谈时，要暂时放下筷子。不能一边说话，一边用筷子指着他人。三是不要舔筷子，更不能用舔过的筷子去夹菜，这样既不卫生也不礼貌。四是不要把筷子竖着插在米饭中，中国人认为这是不吉利的。

碗是用来盛放食物的。当菜很多时，应该逐一品尝，一次只吃一种菜，不要几种菜混在一起吃。一般不把食物放在盘子里，因为盘子是用来放骨头或鱼刺的，如果盘子里的骨头或鱼刺放满了应该让服务员及时更换。汤勺不用时则应该放在盘子上，不要直接放在餐桌上。

进餐结束后，客人应该向主人表示感谢，或对主人发出新的邀请。

## 练习 Exercises

### 一、根据短文内容，判断正误

（　）1. 在中国吃饭不只是为了填饱肚子，还是一种交际方式。
（　）2. 时间到了就可以开始进餐，不用等迟到的客人。
（　）3. 中餐的餐具除了筷子外，一般还包括盘子、碗和汤勺。
（　）4. 菜很多的时候可以几种菜一起吃。
（　）5. 汤勺不用时要放在盘子上。

### 二、根据课文内容，回答问题

1. 进餐前要注意什么？
2. 使用筷子需要注意哪些问题？
3. 碗和盘子是分别用来做什么的？

# 第八课　学点中国菜

1. 你看得懂中国菜的菜单吗?
2. 去中餐馆吃饭你一般会点什么菜?有印象深刻的菜名吗?

去饭店吃饭,第一件事便是点菜,这可不是一件容易的事,其中有许多学问。如果仅是为了吃饱肚子,那可以找家干净的饭店随便点几个自己喜欢吃的菜,不过最好荤素搭配,这样才有营养。如果是有意到某个饭店吃饭,或者是请客吃饭,那点菜就要有些技巧了。

首先,你要了解这家饭店的特点。要知道这家饭店是属于哪个菜系的,比如是做上海菜的还是做四川菜的?此外,还要知道这家饭店有哪些特色菜。要得到这些信息可以上网查,也可以向去过这家饭店的朋友打听。

其次，要根据人数和费用合理地点菜。在中国，一桌饭菜主要由冷菜、热菜、汤三大块组成，而原料一般是肉类、海鲜和蔬菜三类。基本上做到一人一菜，外加一个汤和一两个点心就可以了。比如6个人吃饭，一般点3~4个冷菜、3~4个热菜、加一个汤和1~2个点心就够了。如果是一两个朋友聚会，则可以少点些冷菜，或者不点冷菜直接点热菜。

最后，要做到有荤有素，而且尽量不点原料相同的菜。比如点了鱼香肉丝，就不要再点肉丝类的菜了。也不要一桌都是荤菜，一个蔬菜都没有。当然，点菜时一定要问清吃饭的人有没有忌口的食品。比如有的人不吃牛、羊肉，有的人不吃海鲜等。如果你觉得点菜太麻烦，也可以选择由饭店搭配好的套餐。

外国朋友去中国饭店吃饭，可能会看不懂菜单。这时可以听服务员的介绍，也可以把领班叫过来，把你们的想法告诉他，让他帮助你们点菜。领班对自己饭店的菜比较了解，让他安排能够保证大家品尝到饭店的特色菜，而且在搭配上也会比较合理。

# 第八课 学点中国菜

## 练习 Exercises

一、快速阅读课文后，完成以下练习

（一）根据课文内容，选择正确答案

1. 去饭店吃饭，一般第一件事做什么？
   A. 买单             B. 喝茶聊天
   C. 点菜             D. 叫服务员

2. 在中国，一桌饭菜的原料不包括以下哪一项？
   A. 肉类             B. 酒类
   C. 海鲜             D. 蔬菜

3. 如果已经点了鱼汤，那么最好不要再点下面哪个菜？
   A. 糖醋鱼           B. 小笼包
   C. 鱼香肉丝         D. 烤鸭

4. 8个人吃饭怎样点菜最合适？
   A. 3个冷菜、3个热菜、加1个汤、1个点心
   B. 5个冷菜、5个热菜、加1个汤、2个点心
   C. 4个冷菜、4个热菜、加1个汤、1个点心
   D. 4个冷菜、6个热菜、加1个汤、3个点心

（二）根据课文内容，判断正误

（  ）1. 上网可以查到饭店的一些信息。

（  ）2. 去饭店吃饭都要点冷菜、热菜和汤。

（  ）3. 如果是一两个朋友聚会，可以不点冷菜。

（  ）4. 外国朋友去中国饭店吃饭都看不懂菜单。

（  ）5. 可以请领班帮助自己点菜。

二、精读课文后，完成以下练习

（一）根据课文内容，选择画线词语在文中的意思

1. 点菜可不是一件容易的事，其中有许多<u>学问</u>。
   A. 问题　　　　　　　　　B. 需要学习的
   C. 知识　　　　　　　　　D. 问了才知道的

2. 那可以找家干净的饭店<u>随便</u>点几个自己喜欢吃的菜。
   A. 不用多考虑　　　　　　B. 顺便
   C. 什么都可以　　　　　　D. 乱点

3. 如果是<u>有意</u>到某个饭店吃饭，那点菜就要有些技巧了。
   A. 有……想法　　　　　　B. 有……希望
   C. 对……有意思　　　　　D. 对……有意见

4. 要根据人数和<u>费用</u>合理地点菜。
   A. 菜的价格　　　　　　　B. 工资
   C. 要用的钱　　　　　　　D. 所有的钱

5. 点菜时一定要问清吃饭的人有没有<u>忌口</u>的食品。
   A. 不能说　　B. 不能吃　　C. 喜欢吃　　D. 口味差

6. 让领班安排能够<u>保证</u>大家品尝到饭店的特色菜。
   A. 保护　　　B. 证明　　　C. 担保　　　D. 确保

（二）根据课文内容，选择下列句子的正确解释

1. 要荤素搭配，这样才最有营养。
   A. 只吃肉的话一点营养也没有。
   B. 又有素菜又有荤菜营养才好。
   C. 吃蔬菜营养最好。
   D. 吃荤菜比吃素菜有营养。

2. 要得到这些信息可以上网查，也可以向去过这家饭店的朋友打听。"这些信息"中没提到哪一项？
   A. 这家饭店有哪些特色菜。

## 第八课 学点中国菜

　　B. 这家饭店属于什么菜系。

　　C. 这家饭店的特点。

　　D. 特色菜的价格。

3. 在中国，一桌饭菜主要由冷菜、热菜、汤三大块组成。

　　A. 一桌中国菜包括冷菜、热菜和汤三部分。

　　B. 中国菜分冷菜、热菜、汤三种。

　　C. 一桌中国菜只有冷菜、热菜和汤。

　　D. 一桌中国菜由冷菜、热菜、汤这三个菜组成。

4. 如果你觉得点菜太麻烦，也可以选择由饭店搭配好的套餐。

　　A. 点套餐和点菜一样麻烦。

　　B. 套餐都是饭店搭配好的。

　　C. 套餐是可以自己搭配的。

　　D. 去饭店吃饭最好自己点菜不要点套餐。

## 三、泛读课文后，完成以下练习

（一）下面哪一项和作者的观点不同

　　A. 点菜不是一件容易的事。

　　B. 点菜时想吃什么就点什么。

　　C. 点菜时最好不要点原料相同的菜。

　　D. 领班对自己饭店的菜比较了解。

（二）根据课文内容，回答问题

1. 点菜有哪些技巧？

2. 如果外国朋友去中国饭店吃饭，不会点菜可以怎么做？

3. 如果你和朋友5个人一起去中国饭店吃饭，其中有一人嗓子不舒服，你准备怎么点菜？要注意些什么？

## 生 词　　New words

| | | | |
|---|---|---|---|
| 1. | 点菜 | diǎn cài | to order dishes |
| 2. | 学问 | xuéwen | knowledge |
| 3. | 随便 | suíbiàn | random; informal |
| 4. | 荤 | hūn | meat or fish |
| 5. | 素 | sù | vegetable; vegetarian |
| 6. | 有意 | yǒuyì | to have a mind to |
| 7. | 技巧 | jìqiǎo | skill |
| 8. | 属于 | shǔyú | to belong to; to be part of |
| 9. | 菜系 | càixì | style of cooking |
| 10. | 信息 | xìnxī | information |
| 11. | 上网 | shàng wǎng | to get on the internet |
| 12. | 费用 | fèiyòng | cost; expenses |
| 13. | 合理 | hélǐ | rational; reasonable |
| 14. | 冷菜 | lěngcài | cold dish |
| 15. | 热菜 | rècài | hot dish |
| 16. | 组成 | zǔchéng | to form; to make up |
| 17. | 原料 | yuánliào | raw material |
| 18. | 聚会 | jùhuì | get-together; gathering |
| 19. | 搭配 | dāpèi | to assort in pairs or groups |
| 20. | 鱼香肉丝 | yúxiāng ròusī | shredded pork with garlic sauce |

| | | |
|---|---|---|
| 21. 忌口 | jìkǒu | to avoid certain food |
| 22. 套餐 | tàocān | set meal |
| 23. 领班 | lǐngbān | head waiter(waitress) |
| 24. 保证 | bǎozhèng | to guarantee; to assure |

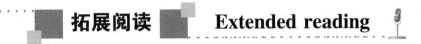

## 泡茶的学问

中国人喜欢喝茶，也常常用茶来招待朋友和客人。茶是中国人最喜爱的饮料之一，那么你知道泡茶有哪些学问吗？就说我们常喝的绿茶、乌龙茶和花茶吧，如果现在有三种茶具，分别是玻璃杯、紫砂壶和盖碗，你知不知道应该用这三种茶具分别泡什么茶呢？

泡乌龙茶最好用宜兴产的紫砂壶。泡茶的时候，水温一定要高，得95℃以上，最好是刚刚烧开的水。用刚烧开的水泡乌龙茶可以比较快地使茶的香味飘出来，也能使茶水的颜色变得浓郁起来。

泡绿茶也是有讲究的。第一，要用没有盖的玻璃杯来泡。因为有盖的玻璃杯泡茶时不容易散热，时间长了，茶叶就泡糊了，茶水的颜色也会变得非常浑浊。第二，要注意水温。因为绿茶大多是清明前摘下来的茶树嫩叶，所以和泡乌龙茶不同，泡绿茶的水温不能太高，大约在80℃左右就可以了。因此，水开了以后，不要马上用来泡茶，而是要等一两分钟后，水温差不多80℃左右了再倒进杯子里。

现在很多人都喜欢喝花茶，那泡花茶的时候又要注意什么呢？首先，泡花茶最好用盖碗来泡。这主要是为了留住茶香。其次，泡花茶的水温可以比泡绿茶的水温稍高一些，大约90℃~95℃左右。倒完水后，可以把茶盖盖上，等两三分钟后就可以喝了。

泡茶是不是有很多学问呢？你学会了吗？

## 练习 Exercises

一、根据短文内容，判断正误

（ ）1. 中国人常常用茶来招待家人。
（ ）2. 泡乌龙茶要用刚烧开的水泡。
（ ）3. 所有的玻璃杯都可以用来泡绿茶。
（ ）4. 泡花茶的水温大约在80℃~85℃。
（ ）5. 泡乌龙茶的水温比绿茶和花茶都高。

二、根据课文内容，回答问题

1. 乌龙茶、绿茶和花茶分别要用什么茶具来泡？
2. 泡花茶要注意些什么？

3. 你喝过中国茶吗？你能说出几种中国茶？

## 阅读中的词汇学习（一）

阅读中的词汇学习，目的是训练学生掌握生字、生词的技能，即少用词典，多动脑筋，运用学生已知的汉语词汇和语法知识去"猜测"，去认知生字、生词。

1. 通过汉字的表意形旁猜测生字和生词。汉字总数有成千上万个，常用的有3000多，其中大部分都是形声字，形声字的特点是它的一个部分——表意形旁可以表示汉字的意义，这些表意形旁便是猜测的线索。例如："江、河、湖"这三个汉字都是形声字，左边的"氵"表示水，我们就可以猜到它与水有关。所以可以借助它，理解汉字的大致意思。

2. 利用语素意义推测合成词的意义。汉语的合成词很多，合成词的各个部分与这个合成词的词义有一定的联系，因此可以利用语素意义来推测合成词的意义。例如：在理解"亲善"一词时，"亲"就是"亲近"，"善"就是"友善"，所以"亲善"大致与"友好"一词同义。

## 第九课

# 我是志愿者

**热点话题** Hot topics

1. 哪些活动需要志愿者？
2. 你做过志愿者吗？做过的话，请谈谈你的经历。

**课文** Text

在北京奥运会期间，共有147万志愿者参与了奥运会的服务，7万多名志愿者直接为奥运会提供服务，40万城市志愿者在城市和场馆周边提供城市志愿服务，100万社会志愿者在全市社区乡镇开展志愿服务，广大啦啦队志愿者在赛场为运动员助威。

作为后勤保障负责人，李长亮一人肩负着保管员、送餐员、巡查员三项职能。作为保管员，每一批城市志愿者物资他都亲自检查，建立详细的物资接收、发放数据库。作为送餐员，保

第九课　我是志愿者

证城市志愿者的用餐是后勤保障中最为重要的一项工作，每天，李长亮要统计上岗人员数量以确定用餐数量，并在中午和晚上两次为每个站点送餐，当看到每一名城市志愿者都吃上饭时，他才能安心地吃饭，他往往会成为城市志愿者中每天最后一位吃上饭的人。作为巡查员，负责外围9个站点的巡视，每天他都要走访各站点，了解站点志愿者服务情况。

　　运行中心助理奥运会志愿者22岁的李菊是北京师范大学二年级学生，家在四川省北川县。在2008年发生的四川汶川地震中，妈妈等亲人遇难。谈起家里遭遇到的这场灾难，李菊的眼泪止不住流下来。灾难并没有压垮李菊，她克服失去亲人的伤痛，全身心投入奥运会志愿者服务，在奥林匹克大家庭饭店贵宾楼为贵宾们提供信息查询、语言翻译、交通安排等服务，获得了好评。

　　来自尼日利亚的留学生丽菲玛，性格十分开朗。在首都机场新航站楼服务期间，她利用自己熟悉英语、法语和汉语的优势，帮助运动员和记者解决语言沟通不畅的问题。由于帮助过的人太多，丽菲玛的手机号码一传十、十传百，几乎成了公共信息电话。

　　志愿者的微笑已成为北京奥运会的一张名片。

## 练习 Exercises

### 一、快速阅读课文后,完成以下练习

(一) 根据课文内容,选择正确答案

1. 北京奥运期间,在城市和场馆周边提供志愿服务的志愿者有多少?
   A. 147 万人          B. 7 万人
   C. 40 万人           D. 100 万人

2. 以下哪项是李长亮的志愿服务内容?
   A. 详细的物资接收    B. 语言翻译
   C. 信息查询          D. 为运动员助威

3. 李长亮在什么时间为上岗人员送餐?
   A. 上午和晚上        B. 上午和中午
   C. 中午和晚上        D. 早上和中午

4. 下面哪一项不是奥运会志愿者的服务内容?
   A. 交通安排          B. 线路安排
   C. 语言翻译          D. 物资保管

(二) 根据课文内容,判断正误

(　) 1. 李长亮每天中午和晚上走访 9 个外围站点。

(　) 2. 李菊的亲人在汶川地震中遇难了。

(　) 3. 李菊克服汶川地震带来的伤痛,投入到志愿工作中。

(　) 4. 尼日利亚的留学生丽菲玛精通英语、法语和日语。

(　) 5. 丽菲玛在奥林匹克大家庭饭店帮助运动员和记者解决语言沟通不畅的问题。

第九课　我是志愿者

二、精读课文后，完成以下练习

（一）根据课文内容，选择画线词语在文中的意思

1. 广大啦啦队志愿者在赛场为运动员<u>助威</u>。
   A. 鼓励　　　　　　　　B. 帮助
   C. 加油　　　　　　　　D. 发威

2. 李长亮一人<u>肩负</u>着保管员、送餐员、巡查员三项职能。
   A. 肩扛　　　　　　　　B. 准备
   C. 担任　　　　　　　　D. 负担

3. 每天他都要<u>走访</u>各站点，了解站点志愿者服务情况。
   A. 检查　　　　　　　　B. 访问
   C. 询问　　　　　　　　D. 采访

4. 灾难并没有<u>压垮</u>李菊。
   A. 压倒　　　　　　　　B. 垮塌
   C. 打击　　　　　　　　D. 失败

5. 全身心<u>投入</u>奥运会志愿者服务。
   A. 参与　　　　　　　　B. 考虑
   C. 进入　　　　　　　　D. 投资

（二）根据课文内容，选择下列句子的正确解释

1. 他往往会成为城市志愿者中每天最后一位吃上饭的人。
   A. 他有大量志愿者工作要做。
   B. 他每天都要到晚上才吃饭。
   C. 他每天总是最后一个才吃饭。
   D. 他规定做完工作后才吃饭。

2. 她克服失去亲人的伤痛，全身心投入奥运会志愿者服务。
   A. 她不管失去亲人的伤痛，进入志愿者服务。
   B. 她不顾失去亲人的伤痛，完全投入志愿者服务。
   C. 她不在乎失去亲人的伤痛，参与志愿者服务。

D. 她忘记了失去亲人的伤痛，完全投入志愿者服务。

3. 丽菲玛的手机号码一传十、十传百，几乎成了公共信息电话。

A. 丽菲玛的手机号码是公共信息电话。

B. 丽菲玛提供了各种信息帮助。

C. 大家都知道丽菲玛的手机号。

D. 丽菲玛的手机号码提供各种公共信息。

4. 志愿者的微笑已成为北京奥运会的一张名片。

A. 志愿者总是微笑服务。

B. 志愿者都有一张名片。

C. 志愿者的微笑是奥运会的标志。

D. 志愿者的微笑服务成为奥运会的特色。

## 三、泛读课文后，完成以下练习

（一）这篇课文主要想说明

A. 志愿者对北京奥运会贡献很大。

B. 奥运会志愿服务形式多样，参与人数众多。

C. 奥运会志愿者服务需要投入大量精力和时间。

D. 国内外志愿者在志愿服务过程中表现同样出色。

（二）根据课文内容，回答问题

1. 北京奥运会志愿者的服务内容有哪些？

2. 为什么说"志愿者的微笑已成为北京奥运会的一张名片"？

生 词　　New words

1. 周边　　　　zhōubiān　　　　surrounding

2. 场馆　　　　chǎngguǎn　　　　place(for sports, performance, etc)

## 第九课　我是志愿者

| | | | |
|---|---|---|---|
| 3. | 开展 | kāizhǎn | to start (activities) |
| 4. | 啦啦队 | lālāduì | cheering squad |
| 5. | 助威 | zhù wēi | to boost the morale of |
| 6. | 后勤 | hòuqín | logistics |
| 7. | 保障 | bǎozhàng | to ensure; to guarantee |
| 8. | 肩负 | jiānfù | to undertake |
| 9. | 职能 | zhínéng | function |
| 10. | 物资 | wùzī | goods and materials |
| 11. | 数据库 | shùjùkù | database; data bank |
| 12. | 巡视 | xúnshì | to patrol |
| 13. | 走访 | zǒufǎng | to interview |
| 14. | 遇难 | yùnàn | to die in an accident |
| 15. | 灾难 | zāinàn | disaster |
| 16. | 压垮 | yākuǎ | to collapse under pressure |
| 17. | 投入 | tóurù | to put into |
| 18. | 查询 | cháxún | to inquire about |
| 19. | 航站楼 | hángzhànlóu | terminal |
| 20. | 优势 | yōushì | advantage |
| 21. | 沟通 | gōutōng | to communicate |

## 专名 Proper nouns

1. 汶川　　　　　Wènchuān　　　　　name of a city in Sichuan province
2. 尼日利亚　　　Nírìlìyà　　　　　　Nigeria

## 拓展阅读 Extended reading

### 志愿服务漫谈

志愿服务具有崇高的精神价值，是超越物质追求的。对志愿者个人来说，通过志愿服务活动，奉献精神得到充分展现，社会责任感进一步增强。同时，志愿服务对整个社会的精神追求也起到了积极的作用。无论是古老的东方文明，还是悠久的西方文明，都含有对真、善、美的社会精神的追求。

志愿服务有着巨大的社会价值。志愿服务以扶贫济困、扶弱助残为主体，通过大型社会活动等公益事业推动经济发展和社会进步。志愿者通过帮助他人、服务社会，加强人与人之间的交往与关怀，消除彼此间的疏远感，促进社会的和谐。另外，通过共同参与志愿活动，不同社会群体与阶层之间加强了相互了解和沟通，缓解了社会矛盾，增进了社会信任，对社会问题的化解发挥了积极作用。

志愿服务能够创造社会经济价值。志愿服务不以获得直接的工资、福利为目的,因此许多社会公益活动和大量的非营利组织愿意让志愿者参与其中,从而获得人力资源方面的支持,大大地节约了成本,为社会直接或间接地创造出价值与效益。如在大型活动中,通过志愿者提供无偿服务,可以降低运作成本,提高经济效益。有关资料显示,1996年亚特兰大夏季奥运会有6万多名志愿者,节省经费约1.3亿美元;2000年悉尼奥运会有约4.7万名志愿者,节省经费约9000多万美元;2004年雅典奥运会有6万多名志愿者,节省经费约1.2亿美元。

练习　　Exercises

一、根据短文内容,判断正误

(　) 1. 只有在西方文明中,志愿服务含有对真、善、美的社会精神的追求。
(　) 2. 志愿服务使社会矛盾缓和,减少社会问题。
(　) 3. 志愿服务可以创造出不小的社会价值和经济价值。
(　) 4. 能组织志愿者服务的只有奥运会、残奥会和爱心学校。
(　) 5. 营利组织让志愿者直接创造出经济价值,节约了人力成本。

二、根据课文内容,回答问题

1. 志愿服务有哪些价值?
2. 志愿服务如何发挥其社会价值?
3. 各届奥运会的志愿服务带来的经济效益如何?

## 第十课

## 恭敬待人好做事

1. 与他人相处时，我们的态度应该怎样才是得体的？
2. 你周围的人都礼貌待人吗？请举个例子说明。

恭敬是指能够尊敬或尊重地对待他人，态度平和，不卑不亢。但是很多事情说起来容易，做起来却很难。

青岛的一位经营高档家具的老板说，他不看好大学刚毕业的员工，因为他们不会屈也不会伸。他说，他是老板，但是现在让他抬家具，他会马上弯下腰去。可是大学生不行，认为自己大学毕业了，还去抬家具，做苦力，太没面子了。所以大学生在他那里干不了多久就跑了，干自己认为体面的工作去了。不能屈下身子，如何能扬眉吐气？

## 第十课  恭敬待人好做事

　　日本佳能公司在中国发展业务，发现中国员工不会<u>彼此</u>问好，沟通非常不顺利。老板认为这很危险，因为，佳能说到底是一个面对消费者的销售公司。于是公司规定，每天早晨，公司总部各科室派出一个小组，到各个楼层科室进行问候。最初，员工们觉得这样的做法像幼儿园，但是坚持一段时间之后，员工们发现彼此的沟通得到了加强，对待客人也会很自然地问好。这就是"日韩恭敬鞠躬拾得天下黄金"的道理。恭敬有礼与大男子主义无关，只与是否懂得职业规则、是否完成了职业化训练有关。

　　然而，学习和适应职业规则是有难度的。一个员工说，他活了30多岁，从来没给别人鞠过躬，放不下来面子。但是当看到别人向他鞠躬问好时，他感到很<u>震惊</u>，也本能地向别人鞠躬回敬。还有一个员工说，当对面的女同事给他鞠躬时，我发现她的姿态是那么美，而平时他并没有很仔细地注意过她。

　　恭敬待人好做事，<u>把握</u>了这"看不见"的规则，也就如同鸟儿<u>凭</u>着"看不见"的空气，展翅高飞。

## 练习  Exercises

一、快速阅读课文后，完成以下练习

（一）根据课文内容，选择正确答案

1. 大学生员工认为体面的事是什么？
   A. 抬高档家具　　　　　B. 做家具店老板
   C. 向他人鞠躬　　　　　D. 文中没有提到

2. 对"日韩恭敬鞠躬拾得天下黄金"一句的正确理解是什么？
   A. 日本人韩国人喜欢弯腰拾地上的金子
   B. 日本人韩国人鞠躬是为了得到黄金
   C. 日本人韩国人懂得弯腰可以拾到钱财的道理
   D. 日本人韩国人因为懂得恭敬待人而能获得很多利益

3. 那位活了30多年的员工从来不向别人鞠躬的原因是什么？
   A. 不知道有向他人鞠躬这件事
   B. 不喜欢向他人鞠躬的方式
   C. 以前没有向他人鞠躬的习惯
   D. 喜欢别人向他鞠躬的感觉

4. 把握了这"看不见"的规则，也就如同鸟儿凭着"看不见"的空气，展翅高飞。这里"看不见"的规则指的是什么？
   A. 恭敬礼貌对待他人　　　B. 能够扬眉吐气
   C. 每天向他人问好　　　　D. 多对他人弯腰鞠躬

（二）根据课文内容，判断正误

（　）1. 家具店老板一般都对大学生员工有看法。

（　）2. 大学生员工不懂得能屈能伸的重要性。

（　）3. 日本佳能公司是一家与消费者打交道的公司。

（　）4. 日本公司的员工比韩国公司的员工更重视恭敬待人的礼仪。

（　）5. 恭敬待人是职场上重要的成功原则之一。

## 二、精读课文后，完成以下练习

（一）根据课文内容，选择画线词语在文中的意思

1. 青岛的一位经营高档家具的老板说，他不看好大学刚毕业的员工。

　　A. 非常贵重　　　　　　B. 质量好而价格较高的

　　C. 非常高级　　　　　　D. 好得超过一般水平

2. （大学生）干自己认为体面的工作去了。

　　A. 亲身经历　　　　　　B. 亲自尝试

　　C. 光荣光彩　　　　　　D. 体验观察

3. 日本佳能公司在中国发展业务，发现中国员工不会彼此问好。

　　A. 相互　　　　　　　　B. 大家

　　C. 这样　　　　　　　　D. 一起

4. 当看到别人向他鞠躬问好时，他感到很震惊。

　　A. 非常激动　　　　　　B. 大吃一惊

　　C. 十分刺激　　　　　　D. 特别兴奋

5. 恭敬待人好做事，把握了这"看不见"的规则，也就如同鸟儿凭着"看不见"的空气，展翅高飞。

　　A. 握住　　　　　　　　B. 控制

　　C. 拿着　　　　　　　　D. 抓住

6. 如同鸟儿凭着"看不见"的空气，展翅高飞。

　　A. 依靠　　　　　　　　B. 证据

　　C. 根据　　　　　　　　D. 借用

（二）根据课文内容，选择下列句子的正确解释

1. 很多事情说起来容易，做起来却很难。

　　A. 有些事情很难做。

　　B. 说话比做事情容易。

C. 要做到或完成一件事情比说说要难得多。

D. 很多人喜欢聊天说话却不喜欢做实事。

2. 大学生在他那里干不了多久就跑了，干自己认为体面的工作去了。

A. 大学生觉得这个工作不体面，所以干的时间不长。

B. 大学生认为抬家具是最不体面的，所以不来干。

C. 大学生不懂得恭敬待人的重要道理。

D. 大学生都不喜欢抬家具的工作。

3. 最初，员工们觉得这样的做法像幼儿园。这里"幼儿园"的意思是：

A. 3-6岁小孩接受教育的地方。

B. 小朋友们玩乐的地方。

C. 不够成熟、有点幼稚。

D. 开发儿童智力的学校。

4. 还有一个员工说，当对面的女同事给他鞠躬时，我发现她的姿态是那么美，而平时他并没有很仔细地注意过她。

A. 这个男员工平时很少注意女同事。

B. 这个男员工觉得女同事鞠躬的姿势很美。

C. 这个男员工很喜欢女同事鞠躬的姿势。

D. 恭敬礼貌对待他人使人变得美好起来。

三、泛读课文后，完成以下练习

（一）下面哪一项和作者的观点不同

A. 恭敬待人就是尊重、尊敬他人。

B. 在工作中懂得恭敬待人才能更好地完成工作。

C. 人们在恭敬对待他人的时候别人会感受得到你的心意。

D. 恭敬待人只是职场里的一条规则，在别的地方不适用。

（二）根据课文内容，回答问题

1. 佳能公司的例子告诉我们什么道理？

第十课　恭敬待人好做事

2. 你是同意家具老板的观点还是赞成大学生员工的想法？为什么？
3. 学过这篇课文之后，请你谈一谈对恭敬待人的理解。

## 生词　New words

1. 恭敬　　　　　gōngjìng　　　　　respectful
2. 尊重　　　　　zūnzhòng　　　　　to value; to respect
3. 对待　　　　　duìdài　　　　　　to deal with
4. 平和　　　　　pínghé　　　　　　placid
5. 不卑不亢　　　bù bēi bú kàng　　neither overbearing nor servile
6. 经营　　　　　jīngyíng　　　　　to operate (a business)
7. 高档　　　　　gāodàng　　　　　 highend
8. 看好　　　　　kànhǎo　　　　　 be considered to be promising
9. 屈　　　　　　qū　　　　　　　　to bend
10. 伸　　　　　 shēn　　　　　　　to stretch
11. 体面　　　　 tǐmiàn　　　　　　honorable; respectable
12. 扬眉吐气　　 yáng méi tǔ qì　　to feel proud and elated
13. 彼此　　　　 bǐcǐ　　　　　　　each other
14. 消费　　　　 xiāofèi　　　　　 to consume
15. 销售　　　　 xiāoshòu　　　　　to sell; to market
16. 鞠躬　　　　 jū gōng　　　　　　to bow
17. 大男子主义　 dà nánzi zhǔyì　　male chauvinism
18. 职业　　　　 zhíyè　　　　　　 career

| | | |
|---|---|---|
| 19. 震惊 | zhènjīng | to astonish; to shock |
| 20. 本能 | běnnéng | instinctive; natural |
| 21. 姿态 | zītài | posture |
| 22. 把握 | bǎwò | to seize (the chance) |
| 23. 凭 | píng | to depend on |

## 专名 Proper nouns

| 佳能 | Jiānéng | CANON (a Japanese company) |
|---|---|---|

## 拓展阅读 Extended reading

### 巧合的论文

英国博物学家达尔文（1809—1882）在1838年就已经形成了进化论的观点，并陆续写成了手稿。他并没有急于发表，而是继续验证材料，补充论据。这个过程，长达20年之久。

1858年夏初，正当达尔文准备发表自己多年的研究成果时，突然收到在马来群岛从事研究的另一位英国博物学家华莱士（1823—1913）所写的题为《论物种无限地离开原始模式的倾向》的论文，其观点跟达尔文正在考虑脱稿付印的理论著作一样。达尔文惊叹道："我从未看到过比这件事更加显著的巧合，即使华莱士手中有过我在1842年写的那份大纲,他也不会写出一个较此更好的摘要来。"

在这个关系到谁是进化论创始人的重大问题上,达尔文准备放弃自己的研究成果,把首创权全部归于华莱士。他在给英国自然科学家赖尔博士的信中说:"我宁愿将我的著作烧毁,也不愿华莱士或任何人认为我达尔文待人接物有市侩气。"深知达尔文研究工作的赖尔博士坚决不同意达尔文的做法。在他的坚持和劝说下,达尔文才同意把自己的原稿提纲和华莱士的论文一齐送到"林奈学会"并同时宣读。华莱士此时才得知达尔文先于他20年就有了这项科学发现,他感慨地说:"达尔文是一个耐心的、下苦工夫的研究者,勤勤恳恳地搜集证据,以证明他发现的真理。"

华莱士宣布:"这项发现本应该单独归功于达尔文,由于偶然的幸运,我才荣获了一席。"

## 练习 Exercises

**一、根据短文内容，判断正误**

(　) 1. 达尔文为研究进化论花了20年的时间。
(　) 2. 华莱士是看了达尔文的著作后才写出了自己的论文提要。
(　) 3. 达尔文曾经想过放弃自己的研究成果。
(　) 4. 达尔文是一个勤恳努力的人。
(　) 5. 研究的最终成果属于华莱士。

**二、根据课文内容，回答问题**

1. 达尔文为什么不急于发表自己的论文？
2. 华莱士觉得达尔文是个什么样的人？
3. 你是如何评价达尔文的为人的？

# 第十一课

## 家有钟点工

1. 你家请过钟点工吗?
2. 你是怎么看待家政服务的?

做了半年主妇以后,我对丈夫说,我想把周末用来大扫除的时间留给自己。于是,在邻居的<u>指点</u>下,我找到了安徽女孩——小吕。

周末上午九点,小吕准时来了。我告诉她要做什么,工具在哪儿以后,她便很熟练地做起来。我像最初设想的那样,坐下来捧上一本书准备静静地享受。但不知为什么书总是看不进去,听见隔壁房间刷子刷地板的声音,心就是静不下来,终于忍不住站起了身。看着那么小小的一个身子蹲着一下一下地刷地，我心里就涌上一种不安，于是拿起一块抹布也干了起来，一边擦着家具一边和她拉拉家常，直到送她出门后才长舒一口气。此后每个周末，小吕都会准时来，而每一次我都照例跟在她后面做一些简单劳动，似乎这样才会安心。

偶尔收拾柜子，我发现有些衣服久已不穿了，但远不算破旧，我对丈夫说："我想把这些衣服送给小吕。"丈夫见我这样，笑道："你可真够累的。她打工挣钱，你花钱雇人，这很公平，你怎么就这么不好意思呢？"我摇摇头："不是不好意思，只是说不出为什么我就是看不下去。"

渐渐地，小吕和我们熟了起来，话也多了。于是我们知道她和奶奶在北京做工。她除了做钟点工以外，早上卖油条，晚上在一栋大楼里值班。她奶奶清扫街道，照顾她的一日三餐。小吕每个月要给家里寄500元钱，因为弟弟要上学，"男孩子总要读书"，还有，她今年17岁……

由于小吕的出现，我和丈夫开始探讨"钱和境遇"的问题。他不知道，从见了小吕的那一天开始，我的价值观就一次次地经受着考验。我隐隐约约地感到，我对小吕的所谓"好"绝不仅仅是出于善良和同情。

第十一课　家有钟点工

## 练习　Exercises

**一、快速阅读课文后，完成以下练习**

（一）根据课文内容，选择正确答案

1. 雇钟点工的时候，他们已经结婚多长时间？
   A. 一个月　　　　　　B. 六个月
   C. 一年　　　　　　　D. 一年半

2. 小吕除了做钟点工之外，还做什么？
   A. 不做别的工作　　　B. 还要清扫街道
   C. 还要做三顿饭　　　D. 还要卖油条

3. 钟点工小吕跟谁一起在北京做工？
   A. 丈夫　　　　　　　B. 弟弟
   C. 妈妈　　　　　　　D. 奶奶

4. 钟点工小吕每个月给家里寄钱，是为了什么？
   A. 给爸爸治病　　　　B. 存起来
   C. 给弟弟上学用　　　D. 将来自己上学用

5. 钟点工小吕来了以后，使得我或者丈夫有什么变化？
   A. 我不再同情别人　　B. 丈夫的钱有了问题
   C. 我的价值观受到了考验　D. 丈夫的境遇有了改变

（二）根据课文内容，判断正误

（　）1. 女主人想把周末的时间留给自己来大扫除。
（　）2. 雇来的钟点工是安徽人。
（　）3. 女主人从来不跟小吕一起干家务活。
（　）4. 男主人认为花钱雇人干活是公平的事。
（　）5. 小吕除了当钟点工之外，还要照顾奶奶的一日三餐。

## 二、精读课文后，完成以下练习

**（一）根据课文内容，选择画线词语在文中的意思**

1. 在邻居的<u>指点</u>下，我找到了安徽女孩——小吕。
   A. 指导帮助　　　　　　　B. 指出重点
   C. 指挥教育　　　　　　　D. 说明重点

2. 每一次我都<u>照例</u>跟在她后面做一些简单劳动。
   A. 照顾　　　　　　　　　B. 按照惯例
   C. 例行　　　　　　　　　D. 按照规定

3. <u>偶尔</u>收拾柜子，我发现有些衣服久已不穿了。
   A. 有可能　　　　　　　　B. 有时候
   C. 经常　　　　　　　　　D. 不一定

4. 我和丈夫开始探讨"钱和<u>境遇</u>"的问题。
   A. 境况　　　　　　　　　B. 环境
   C. 地区　　　　　　　　　D. 遇见

5. 我的<u>价值观</u>就一次次地经受着考验。
   A. 一种经济理论　　　　　B. 一种商业模式
   C. 对人类社会的看法　　　D. 对人生意义的评价

**（二）根据课文内容，选择下列句子的正确解释**

1. 我想把周末用来大扫除的时间留给自己。
   A. 我想利用周末的时间，自己来大扫除。
   B. 我想在周末的时候不做家务，自己出去玩玩。
   C. 我想利用以前周末用来打扫的时间做自己的事情。
   D. 我有时候不想在周末的时候大扫除做家务。

2. 不知为什么书总是看不进去，听见隔壁房间刷子刷地板的声音，心就是静不下来，终于忍不住站起了身。"我"看不进书的原因是：
   A. 书不好看，我不想继续看下去。
   B. 钟点工在干活，我不忍心继续看书。
   C. 因为有声音，我不能安静地看书。

# 第十一课　家有钟点工

  D. 因为我在回忆自己过去的事情。

3. 看着那么小小的一个身子蹲着一下一下刷地，我心里涌上一种不安。

  A. 钟点工身体太瘦小，不忍心让她一个人干活。

  B. 钟点工的年纪太小，不忍心让她干活。

  C. 钟点工的活儿很累，我觉得不好意思。

  D. 给钟点工的工资太少，我觉得不好意思。

4. 她奶奶清扫街道，照顾她的一日三餐。

  A. 奶奶打扫街道很累，她给奶奶做饭吃。

  B. 奶奶打扫街道很累，她要照顾好奶奶的身体。

  C. 奶奶除了打扫街道，还给她做饭吃。

  D. 奶奶除了打扫街道，还要照顾好她的身体。

## 三、泛读课文后，完成以下练习

（一）从文中可以看出

  A. 女主人不喜欢钟点工。

  B. 男主人不喜欢钟点工。

  C. 女主人对钟点工很好。

  D. 男主人不同情钟点工。

（二）根据课文内容，回答问题

1. 在如何对待钟点工的问题上，女主人和男主人的态度有什么不同？
2. 女主人为什么对钟点工那么好？
3. 为什么女主人说她的"价值观一次次地经受着考验"？

## 生词　New words

| | | |
|---|---|---|
| 1. 钟点工 | zhōngdiǎngōng | hourly employee |
| 2. 主妇 | zhǔfù | housewife |

| | | | |
|---|---|---|---|
| 3. | 指点 | zhǐdiǎn | to give directions; advice |
| 4. | 设想 | shèxiǎng | to assume; assumption |
| 5. | 蹲 | dūn | squat |
| 6. | 抹布 | mābù | rag (to wipe things with) |
| 7. | 拉家常 | lā jiācháng | to chat about homely things; to chitchat |
| 8. | 照例 | zhàolì | as usual |
| 9. | 偶尔 | ǒu'ěr | occasionally |
| 10. | 挣钱 | zhèng qián | to earn money |
| 11. | 雇人 | gù rén | to employ |
| 12. | 公平 | gōngpíng | fair |
| 13. | 油条 | yóutiáo | a kind of fried food |
| 14. | 探讨 | tàntǎo | to discuss about sth. |
| 15. | 境遇 | jìngyù | circumstance; situation |
| 16. | 价值观 | jiàzhíguān | value |
| 17. | 经受 | jīngshòu | to undergo; to endure |
| 18. | 考验 | kǎoyàn | test |
| 19. | 隐约 | yǐnyuē | faintly |
| 20. | 善良 | shànliáng | kind-hearted |
| 21. | 同情 | tóngqíng | to sympathize with |

## 专名 Proper nouns

| | | |
|---|---|---|
| 安徽 | Ānhuī | name of a province in China |

## 拓展阅读 Extended reading

### 保姆荒

股市低迷、单位降薪……人们手头的钱变少了，花钱也越来越谨慎，这给刚刚跨入新年的上海家政市场带来不小影响——由于工资下调，雇主也越来越"小气"，不少保姆情愿早点返乡过年。金融危机影响下，今年"保姆荒"提前了。

家住静安区的陈女士日前向"冬令热线"打来求助电话，称家里老人常年卧床，住家保姆因在沪打工的老公工厂提前放假，她也要从元旦开始休息，跟老公回家过年。陈女士抱怨说：这下全家人都乱了套，不知道怎么安排人手。

记者调查了解到，最近像陈女士这样面临无人"照顾"境地的雇主家庭有不少。与此同时，不少保姆向家政公司诉苦：雇主自己降了薪，收入减少了，对待保姆或钟点工也不再大方，保姆工资能不加就不加，甚至还会下降一点，过年红包也没了，这样还不如早点回家团聚。

一些家政行业负责人称，这阵"保姆荒"肯定是暂时的，春节后预计会大大缓解。因为家政服务的门槛比其他行业低，年后一些从外地回来的务工者一时难找到合适工作，就会选择家政服务，到那时肯定就轮到雇主挑保姆了。

不少平时用惯保姆的家庭在面临"保姆荒"难题时不得不自找出路解决，一些白领家庭喊起了"自己动手，丰衣足食"的口号。周先生告诉记者，公司形势不好，元旦起放一个月假，自己正好在家当家庭"主男"，"伺候伺候"老婆孩子，对家里老人也多尽尽孝心，这样在面临保姆请假时，家里也就不会那么难了。

## 练习 Exercises

### 一、根据短文内容，判断正误

（　）1. 雇主对保姆一直都很小气。
（　）2. 今年跟以往不同，"保姆荒"提前到来。
（　）3. 这次的"保姆荒"估计会持续很长一段时间。
（　）4. 家政服务门槛比较高，所以外来务工者会选择其他行业。
（　）5. 不少家庭"自己动手"应对"保姆荒"的问题。

### 二、根据课文内容，回答问题

1. "保姆荒"为什么会提前到来？
2. "保姆荒"何时能得到缓解？
3. 如何避免"保姆荒"这类问题发生？

# 第十二课　逸飞之家

1. 你听说过画家陈逸飞这个名字吗？
2. 你对中国江南水乡有着什么样的印象？

在"中国第一水乡"周庄，"逸飞"是个无比亲切的名字，他从来就没有被当成一个外乡客，在他逝世后的日子里，周庄人每天都在用自己的方式怀念他。

"逸飞之家"建在周庄著名的双桥畔的一个宽敞院子里，但周庄人没有将这里作为纯粹的工作室，而是分成了两部分，东边的一间屋子用来陈列陈逸飞生平优秀的画作，西边一间则是陈逸飞愿望中的画室。展示厅里的墙上，陈逸飞亲手写的"我爱周庄"四个大字十分触目。

除了著名的油画作品外,展厅里还陈列了陈逸飞的一些珍贵手稿和生活用品。陈逸飞生前爱读的书、穿过的衣服、用过的画笔、画布以及一套古典沙发,甚至还有他喜欢的欧式壁炉,都被摆放在恰当的位置。据了解,这些东西都是其家人捐给周庄的陈逸飞遗物。

"逸飞之家"选址双桥畔,周庄人有他们自己的道理。如果不是陈逸飞,古老的双桥今天或许就不会这么举世闻名。1982年,风华正茂的陈逸飞第一次通过摆渡踏上了周庄。青石板铺成的小路、临水而建的屋子、河中吱呀摇过的小船、穿蓝印花布的阿婆……一派梦中的江南水乡景象缓缓经过他的眼前,让年轻的陈逸飞想起了自己的故乡。时隔两年,他再次来到周庄,四百岁的双桥因此觅到了知音。

陈逸飞一见到双桥,灵感刹那间触动,他用相机捕捉了两座桥的每一个角度。后来,在美国自己的画室里,他靠着这些照片和回忆精心创作了油画《故乡的回忆》。陈逸飞没有想到,就是凭借这幅优秀的画作,靠着画面上这把"钥匙",他帮助周庄成功开启了与国际交往的大门。从此,周庄的双桥成为江南桥梁建筑中的代表作品,始终吸引着海内外的游客。

第十二课　逸飞之家

## 练习　Exercises

**一、快速阅读课文后，完成以下练习**

（一）根据课文内容，选择正确答案

1. "逸飞之家"建在哪儿？
   A. 双桥河畔　　　　　　B. 画室里
   C. 宽敞院子里　　　　　D. 工作室里
2. 展示厅的墙上放着什么？
   A. 珍贵手稿和穿过的衣服　　B. 陈逸飞写的"我爱周庄"
   C. 欧式壁炉和画布、画笔　　D. 陈逸飞爱读的书和生活用品
3. 陈逸飞去过几次周庄？
   A. 一次　　　B. 两次　　　C. 三次　　　D. 四次
4. 周庄凭借什么出了名？
   A. 穿蓝印花布的阿婆　　B. 依水而建的屋子
   C.《故乡的回忆》　　　　D. 陈逸飞的照片

（二）根据课文内容，判断正误

（　）1. 周庄人为了纪念陈逸飞建了"逸飞之家"。
（　）2. "逸飞之家"里陈列了陈逸飞的遗物和名作《故乡的回忆》。
（　）3. 画室的墙上展示着陈逸飞亲友书写的"我爱周庄"四个大字。
（　）4. 陈逸飞第一次来周庄就被美丽的江南水景迷住了。
（　）5.《故乡的回忆》使水乡周庄走向了世界。

**二、精读课文后，完成以下练习**

（一）选择画线词语在文中的意思

1. 陈逸飞亲手写的"我爱周庄"四个大字十分<u>触目</u>。
   A. 引人注意　　　　　B. 让人吃惊

C. 刺痛眼睛 D. 让人感动

2. 他再次来到周庄，四百岁的双桥因此觅到了<u>知音</u>。

   A. 熟悉的朋友 B. 有意思的发现

   C. 了解自己的人 D. 喜欢的音乐

3. 陈逸飞一见到双桥，灵感<u>刹那间</u>触动。

   A. 一时 B. 瞬间

   C. 快速 D. 暂时

4. 他用相机<u>捕捉</u>了两座桥的每一个角度。

   A. 抓住 B. 注视

   C. 抓拍 D. 观察

5. 就是<u>凭借</u>这幅优秀的画作，他帮助周庄成功开启了与国际交往的大门。

   A. 依靠 B. 因为

   B. 由于 D. 为了

(二) 根据课文内容，选择下列句子的正确解释

1. 周庄人每天都在用自己的方式怀念他。

   A. 周庄人每天都参观逸飞之家来怀念他。

   B. 周庄人用特别的方法想念着陈逸飞。

   C. 周庄人希望能再见到陈逸飞。

   D. 周庄人想念陈逸飞的方法各不相同。

2. 如果不是陈逸飞，古老的双桥今天或许就不会这么举世闻名。

   A. 如果没有陈逸飞，古老的双桥会非常有名。

   B. 因为有了陈逸飞，古老的双桥才会这么有名。

   C. 如果没有陈逸飞，就不会有双桥这座古桥。

   D. 陈逸飞为双桥的举世闻名做了很多工作。

3. 一派梦中的江南水乡景象缓缓经过他的眼前。

   A. 陈逸飞在周庄看了一场江南水乡的电影。

   B. 陈逸飞根据周庄的水乡美景画了一幅画。

   C. 他经常做关于江南水乡的梦。

## 第十二课　逸飞之家

D. 他看见了极其美丽的江南水乡景象。

4. 靠着画面上这把"钥匙"，他帮助周庄成功开启了与国际交往的大门。

A. 周庄成名后，有很多国际人士来参观。

B. 陈逸飞画的钥匙能打开国际的大门。

C. 陈逸飞画的双桥成为江南水乡和世界文化交往的一把钥匙。

D. 通过陈逸飞的画中的周庄双桥，国际上很多人开始研究江南水乡。

### 三、泛读课文后，完成以下练习

（一）这篇课文主要想说明

A. 周庄是著名的旅游景点，是江南水乡的代表。

B. 逸飞之家是专为陈逸飞建造的，用来摆放他的画作和遗物。

C. 陈逸飞虽然已经去世，但他仍活在周庄人的心中。

D. 陈逸飞所画的双桥为周庄打开了国际交往的大门。

（二）根据课文内容，回答问题

1. 逸飞之家是怎么布置的？
2. 陈逸飞和周庄有什么样的关系？

生词　New words

| | | |
|---|---|---|
| 1. 宽敞 | kuānchǎng | spacious |
| 2. 纯粹 | chúncuì | purely |
| 3. 愿望 | yuànwàng | wish |
| 4. 触目 | chùmù | conspicuous |
| 5. 陈列 | chénliè | to display |

| | | | |
|---|---|---|---|
| 6. | 壁炉 | bìlú | fireplace |
| 7. | 恰当 | qiàdàng | proper |
| 8. | 或许 | huòxǔ | maybe |
| 9. | 举世闻名 | jǔshì wénmíng | be world famous |
| 10. | 风华正茂 | fēnghuá zhèngmào | be in the prime of life |
| 11. | 摆渡 | bǎidù | ferry |
| 12. | 铺 | pū | to spread |
| 13. | 觅 | mì | to look for |
| 14. | 知音 | zhīyīn | bosom friend |
| 15. | 刹那间 | chànàjiān | momentary |
| 16. | 触动 | chùdòng | to move |
| 17. | 捕捉 | bǔzhuō | to catch |
| 18. | 凭借 | píngjiè | to rely on |
| 19. | 开启 | kāiqǐ | to begin with |

##  Proper nouns

1. 周庄　　Zhōuzhuāng　　*one of the most famous water townships in China*

2. 陈逸飞　　Chén Yìfēi　　*Yifei Chen（a famous painter in China）*

3. 双桥　　Shuāngqiáo　　*Twin Bridge（a famous landscape in Zhouzhuang）*

## 拓展阅读 Extended reading

### 悄然兴起的休闲游

一种类似于自助游、自驾游和农家游的新型旅游方式——"无景点旅游",最近开始在社会上悄然兴起,逐渐受到大家的欢迎。

"无景点旅游",就是不再跟随旅行团到知名景点参观游玩,而是在某个地方停留几天,随意安排行程。游客可以在城市的大街小巷闲逛,也可以到乡村野外体验民风民俗。"无景点旅游"也是休闲游的一种,尤其受到城市白领与老年人的喜爱。旅途中,他们往往选择在一个地方悠闲地住上几天,喝喝茶,吃吃饭,和当地人聊聊天,体验当地的民风。

"无景点旅游"为什么越来越受欢迎呢?很多人认为这种旅游方式很轻松。游客可以随意安排自己的时间,如果时间充足的话,可以在旅行的地方多住几天;游客可以到自己喜欢的任何地方游玩,比他们跟随旅行社自由一些;同时,"无景点旅游"的花费也没有跟团旅游高。这也是它受欢迎的一个很重要的原因。

有关专家认为,"无景点旅游"暂时不会对旅行社的业务产生很大的影响,绝大多数游客依然通过传统的旅行方式跟团旅行。其实"无景点旅游"也不是完全不游览景点，而是自己去挖掘旅途中的乐趣，这一点也提醒旅行社在景点安排方面还有很大空间，可以设计出更加丰富的旅游产品，从而满足不同游客的需要。

## 练习 Exercises

### 一、根据短文内容，判断正误

（　）1. "无景点旅游"就是不进行游览只去购物。
（　）2. "无景点旅游"受到老年人的喜爱。
（　）3. "无景点旅游"是现代休闲旅游的一种方式。
（　）4. "无景点旅游"时间安排比较自由，但花费很高。
（　）5. "无景点旅游"的兴起不会影响旅行社的业务。

### 二、根据课文内容，回答问题

1. 什么是"无景点旅游"？
2. 这种休闲游受欢迎的原因是什么？
3. "无景点旅游"对旅行社有什么影响和启示？

## 第十二课 逸飞之家

阅读小技巧　　Reading skills

### 阅读中的词汇学习（二）

了解一些汉字的构词知识，不但可以扩大我们的词汇量，对阅读也有很大的帮助。

1. 词缀。汉语有一些类似词缀的成分，它们的位置固定、构词能力强，学习这类词缀的意义，可以帮助我们从字面上掌握一大批词的意义。例如：—者，表示人，那么像"读者、作者、老者、强者"等以"者"为后缀的词都是表示"一类人"。还有如"教员、学员、演员、职员"中的"员"，"顾客、乘客、旅客"中的"客"。

2. 简略语。简略语是用简缩法构成的词语。简缩的方法有两种：一、抽取原词组中的重要语素，有规律地简缩而成，如"建筑材料——建材"、"彩色电视机——彩电"、"中国国际旅行社——国旅"、"文化大革命——文革"、"一个国家，两种制度——一国两制"等等；二、用数词来帮助简缩，如"农业、农村、农民"——"三农"；"通邮、通商、通航"——"三通"；"教师、教材、教法"——"三教"。这两种方法中以第一种方法最为常见。

# 第十三课

## 为什么要回家过年

1. 春节对中国人很重要，你知道这是为什么吗？
2. 你知道中国的春节都有哪些习俗吗？

对于春节的意义，长期研究民俗文化的北京师范大学文学院教授萧放说过："节日有着特定的民俗文化意义，是一种特殊意义的文化资源。而春节作为中华民族第一大节，社会意义尤为巨大。"

春节（正月初一），作为岁首大节，最早确立于汉代。汉太初元年（公元前104年），汉武帝颁布《太初历》，确定以夏历的正月初一为岁首，此后两千多年，正月春节都是举国上下共享的盛大节日。

## 第十三课　为什么要回家过年

春节作为中国人数千年的核心节日，有着丰富的内容：

首先，春节代表着温暖和亲情。"有钱没钱，回家过年""一年不赶，赶三十晚"这些话道出了春节所担负的厚重历史意义，以及春节在中国人心目中的重要地位。"回家过年"不仅仅是一种风俗习惯，更重要的是要回去看看父母家人和朋友。

其次，春节是中华民族文化的心结和信仰。不能回家过年的中国人，即使有很多地方可以去旅游，电视上有很多精彩的节目可以看，但内心依然是孤独的。旧时北京人过年要吃荸荠，荸荠谐音"必齐"，说的就是新年亲人必须齐全。年夜饭是中国人一年一度不可或缺的精神聚餐，这顿饭无论如何一定要在家里吃。人们将自己的感情、愿望、伦理、信仰都积聚在这一节日上，使春节已经不是简单的节日。

萧放教授认为，正因为春节这些特质，确定了它在中国人生活中第一大节的当然地位。现代化的发展可以改变人们的生活，但是，改变不了一年一次的春运，改变不了天下游子的一片归家之心。

## 注　释

**春运：** 指每年春节前后在外工作、学习的人们纷纷赶回家过年，给交通运输带来繁忙和紧张气氛的这种现象。

## 练 习  Exercises

一、快速阅读课文后，完成以下练习

（一）根据课文内容，选择正确答案

1. 春节是阴历的几月几号？
    A. 八月十五          B. 五月初五
    C. 正月十五          D. 正月初一

2. 从什么时候开始，春节成为了中国的最重要的节日？
    A. 汉朝              B. 唐朝
    C. 元年              D. 明朝

3. 在春节中国人通常不做什么？
    A. 在家吃年夜饭      B. 在公司工作
    C. 回家看父母        D. 和朋友见面

4. 人们为什么要回家过年？
    A. 因为要回家吃荸荠           B. 因为放假的时间很长
    C. 因为从古至今的习惯         D. 因为要去看看家人朋友

（二）根据课文内容，判断正误

（　）1. 春节没有社会意义，但有很重要的文化意义。

（　）2.《太初历》是公元前104年由汉武帝确定的。

（　）3. 春节在中国已经有2000余年的悠久历史。

（　）4. 老北京人吃荸荠是因为只有春节才有荸荠卖。

（　）5. 因为一年只有一次，所以中国人才特别重视春节。

## 第十三课　为什么要回家过年

### 二、精读课文后，完成以下练习

（一）根据课文内容，选择画线词语在文中的意思

1. 节日有着<u>特定</u>的民俗文化意义。

   A. 特别的　　　　　　　　B. 普通的

   C. 肯定的　　　　　　　　D. 一般的

2. 春节作为中华民族第一大节，社会意义<u>尤为</u>巨大。

   A. 成为　　　　　　　　　B. 尤其

   C. 一定　　　　　　　　　D. 可能

3. 春节（正月初一），作为岁首大节，最早<u>确立</u>于汉代。

   A. 的确　　　　　　　　　B. 正确

   C. 确定　　　　　　　　　D. 树立

4. 春节代表着温暖和<u>亲情</u>。

   A. 家人之间应有的感情　　B. 朋友之间应有的感情

   C. 同事之间应有的感情　　D. 男女朋友之间应有的感情

5. 年夜饭是中国人一年一度<u>不可或缺</u>的精神聚餐。

   A. 可以没有　　　　　　　B. 有很多缺点

   C. 不能缺少　　　　　　　D. 或者不可有

6. 正因为春节这些<u>特质</u>，确定了它在中国人生活中第一大节的当然地位。

   A. 独特的气质　　　　　　B. 特别的样子

   C. 特殊的能力　　　　　　D. 特有的性质

（二）根据课文内容，选择下列句子的正确解释

1. 有钱没钱，回家过年。

   A. 有钱了高高兴兴回家过年，把钱都用完了。

   B. 有钱就可以回家过年，没钱就不可以。

   C. 没钱就先工作，等有了钱再回家过年。

   D. 有没有钱对家人来说都没关系，最重要的是要回家。

2. 一年不赶，赶三十晚。

   A. 一年的时间很多，所以可以慢慢做事，但大年三十只有一天时间，要

赶快做事。

   B. 一年都没有时间回家，大年三十这天一定要赶回家过年。

   C. 平时交通状况很好，但大年三十这天一点儿也不好。

   D. 一年时间虽然很长，但很快就到了大年三十。

3. 春节是中华民族文化的心结和信仰。

   A. 在春节这天，很多人都要去寺庙。

   B. 在春节这天，人们因为吃太多东西，心里不舒服。

   C. 春节对每个中国人来说都有巨大的特殊的文化意义。

   D. 春节回家见到家人，但很快又要分开了，心里难受。

4. 旧时北京人过年要吃荸荠，荸荠谐音"必齐"，说的就是新年亲人必须齐全。

   A. 以前老北京人过春节吃荸荠，是因为它的名字发音很好听。

   B. 荸荠的发音和"必齐"差不多，所以吃荸荠就表示全家人过年时要在一起。

   C. 荸荠还有一个名字叫"必齐"，所以吃荸荠就表示全家人过年时要在一起。

   D. 在北京过年时，不可以一个人吃荸荠，而要全家人在一起才可以吃。

## 三、泛读课文后，完成以下练习

（一）下面哪一项不是作者的观点

   A. 春节是中国文化中历史悠久的节日。

   B. 春节不是一个简单的节日，它有很重要的意义。

   C. 每年都要过春节，对有些人来说就没有特殊的意义了。

   D. 一般来说，过年都要回家过，不管离家多远。

（二）根据课文内容，回答问题

1. 你觉得为什么春节对中国人来说，是核心节日？
2. 在你的国家，什么是你们的核心节日？它有什么文化意义？

# 第十三课　为什么要回家过年

## 生词　New words

| | | | |
|---|---|---|---|
| 1. | 特定 | tèdìng | particular |
| 2. | 资源 | zīyuán | resource |
| 3. | 尤为 | yóuwéi | particularly; extremely |
| 4. | 确立 | quèlì | to establish |
| 5. | 颁布 | bānbù | to promulgate |
| 6. | 确定 | quèdìng | to ascertain |
| 7. | 核心 | héxīn | core |
| 8. | 亲情 | qīnqíng | kinship |
| 9. | 道(出) | dào(chū) | to say |
| 10. | 担负 | dānfù | to take on |
| 11. | 厚重 | hòuzhòng | deep（in culture） |
| 12. | 心目 | xīnmù | in the eyes of |
| 13. | 信仰 | xìnyǎng | belief |
| 14. | 依然 | yīrán | still |
| 15. | 孤独 | gūdú | lonely |
| 16. | 荸荠 | bíqí | water chestnut |
| 17. | 谐音 | xiéyīn | partial tone |
| 18. | 齐全 | qíquán | all in readiness |
| 19. | 不可或缺 | bù kě huò quē | indispensible |
| 20. | 聚 | jù | to gather |
| 21. | 伦理 | lúnlǐ | ethics |

| | | |
|---|---|---|
| 22. 积聚 | jījù | to accumulate |
| 23. 特质 | tèzhì | idiosyncrasy |
| 24. 游子 | yóuzǐ | man travelling in a place far away from home |

## 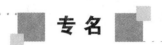 专名　Proper nouns

| | | |
|---|---|---|
| 1. 汉武帝 | Hànwǔdì | Emperor Wu of Han |
| 2.《太初历》 | Tàichū Lì | *Taichu Calendar* |

##  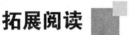 拓展阅读　Extended reading

### 夏天里过新年——在楚雄过火把节

　　大家记忆中的新年应该都差不多，穿着厚实的衣服，在震耳欲聋的鞭炮声中吃着年夜饭，看着春节联欢晚会。也许北方的朋友还幸运一些，一场大雪总还可以带来一些过年的气氛。小时候盼望过年的心情现在也很难再找得回来了，不过那年在云南楚雄过的彝族新年却给我留下了难忘的印象。

　　每年的七月底至八月初，是彝族的火把节（彝族新年），而楚雄则是过火把节的中心地带。楚雄彝族自治州位于云南东部，离昆明只有三个多小时的路程，车子刚刚开进城内，马上就能

第十三课　为什么要回家过年

感受到浓浓的节日气氛。两个星期前，城里还是沉静的，而现在整个城市都变成了一个巨大的露天广场：吃的、用的、玩的，各色各样的地摊铺满了整个街面，人们在聊着、笑着。我们虽然听不懂他们的语言，但也被感染了，兴奋地随着人流涌动，这才是过年的味道呢！

当天色慢慢暗下来时，一堆一堆的篝火点燃了，节日的高潮开始了！大家手拉手围成一个圆圈，开始跳舞、唱歌，圆圈慢慢地转动着。不一会儿又有穿着各式各样服饰的人加入进来，于是跳舞的圆圈越来越大，当达到一定的程度时，忽然散开了，于是大家又奔跑着，去组成一个新的圆圈。就这样尽情地舞啊、跳啊、笑啊、唱啊，把所有的欢乐都释放出来，忘了所有的烦恼。真希望时间可以在这里停住，因为我实在太高兴了。

当天渐渐亮起来时，火堆也渐渐地熄灭了，人群也开始慢慢散去，当天完全亮时，整个城市却进入了梦乡。于是，新的一年开始了。

练习　Exercises

一、根据短文内容，判断正误

（　）1. 楚雄彝族人的新年不是在春天。

（　）2. 在过新年之前的两个星期里，楚雄城里已经很热闹了。

（　）3. 作者是云南楚雄人，喜欢这里过年的味道。

（　）4. 火把从白天一直持续到第二天早上。

（　）5. 不是彝族人也可以去跳舞唱歌庆祝火把节。

## 二、根据课文内容，回答问题

1. 作者觉得楚雄的火把节有意思吗？
2. 彝族新的一年是从几月份开始？
3. 你们国家的新年是在几月份？

## 第十四课

# 口彩与口忌

1. 在你们国家，人们都喜欢哪些数字和动物？为什么？
2. 你知道中国人喜欢哪些数字和动物吗？

在汉语里，同一个音有许多意思不同的汉字。与吉利字发音相同或相近的词和字，人们喜欢用，喜欢听，叫"口彩"，特别是在结婚等喜庆场合，主持人会说出<u>一连串</u>口彩。而与不吉利的字发音相同或相近的词和字，人们不喜欢用，不喜欢听，如果用了，会让大家<u>扫兴</u>，这就叫"口忌"。

口彩和口忌在数字领域比较突出。8和9是受欢迎的数字。8与"发"发音相近，9和"久"发音相同。电话号码、汽车牌照等，与8、9有关的都很<u>抢手</u>。广东话3与"生"同音，生就是生财的意思，所以338就是"生生发"，168<u>谐音</u>"一路发"，如果做生意，取这样的名字，就是好彩头。4与死同音，是凶忌，从2004年起，广东省把尾字是4的汽车牌照都取消了。

口彩和口忌涉及人们生活的各个方面。因为竹子有节，民间有"节节高"的说法，如果朋友开店，送竹子作为贺礼，他一定会很高兴。"钟"因为和"终"同音，送礼从不送钟。结婚时床上放枣和花生，表示早生贵子。广东话"空"与"凶"同音，"丝"与"输"同音，因此广东话里就把空屋子改叫"吉屋"，丝瓜改叫"胜瓜"。北京口语忌"蛋"字，混蛋、笨蛋、滚蛋都是贬义词。所以鸡蛋叫"鸡子"，炒蛋叫"炒黄花"，蛋汤叫"木须汤"，皮蛋叫"松花"。

第二次世界大战后，韩国、台湾、香港和新加坡经济高速发展。中国称这四个地方为亚洲"四小龙"。龙在中国文化里是褒义词，是帝王的象征。在西方基督教文化中，龙的含义却相反。因此英语里称韩国、台湾、香港和新加坡为"四小虎"。

## 练习 Exercises

一、快速阅读课文后，完成以下练习

（一）根据课文内容，选择正确答案

1. 一般在什么情况下，人们不会用口彩？
   A. 亲友逝世 　　　　　　　　B. 开店做生意

## 第十四课　口彩与口忌

  C. 朋友结婚　　　　　　D. 家人过生日

2. 下面哪一个属于口忌？
   A. 手机号码经常有8和9　　B. 汽车牌照上经常出现3和6
   C. 送礼从不送时钟　　　　D. 送礼送竹子

3. 在广东话里，下面哪些数字和词的发音完全不相同？
   A. 3与生　　　　　　　　B. 9与死
   C. 6与路　　　　　　　　D. 8与发

4. 中国把"韩国、台湾、香港和新加坡"称作什么？
   A. 亚洲"四小虎"　　　　B. 亚洲"四小牛"
   C. 亚洲"四小龙"　　　　D. 亚洲"四小国"

(二) 根据课文内容，判断正误

（　）1. 在汉语里，同一个汉字有很多不同的发音。

（　）2. 在开心的场合，人们喜欢用口彩。

（　）3. 广东人都不喜欢用4这个数字。

（　）4. 广东人不喜欢吃丝瓜。

（　）5. 在北京话里，鸡子就是小鸡的意思。

## 二、精读课文后，完成以下练习

(一) 根据课文内容，选择画线词语在文中的意思

1. 在结婚等喜庆场合，主持人会说出<u>一连串</u>口彩。
   A. 许许多多个　　　　　B. 一个接着一个
   C. 各种各样　　　　　　D. 一、两个

2. 与不吉利的字发音相同或相近的词和字，如果用了，会让大家<u>扫兴</u>。
   A. 正在高兴的时候，遇到不高兴的事而心情不好
   B. 正在高兴的时候，有人说了不好的事
   C. 高兴的事结束以后，大家要一起打扫
   D. 高兴的事就是大家可以一起打扫

3. 与8、9有关的都很抢手。

    A. 东西好，每个人手上都有　　B. 东西很受大家欢迎

    C. 东西很好，被坏人抢走了　　D. 东西太少了，但人太多

4. 168谐音"一路发"，如果做生意，取这样的名字，就是好彩头。

    A. 字词的发音相同或相近　　B. 字词的发音完全不同

    C. 字词的意思相同，但发音不同　D. 字词的发音和意思都相同

5. 韩国、台湾、香港和新加坡经济高速发展。

    A. 很大　　　　　　　　　　B. 很高

    C. 速度　　　　　　　　　　D. 很快

（二）根据课文内容，选择下列句子的正确解释

1. 广东话3与"生"同音，生就是生财的意思。

    A. 广东话3的发音和"生"一样，所以3也有了"增加钱"的意思。

    B. 广东话3不仅发音和"生"一样，而且意思也都一样。

    C. 广东话3的发音和"生"只是相近，所有的意思都不同。

    D. 广东话3的发音和"生"只是相近，但3有"增加钱"的意思。

2. 广东省把尾字是4的汽车牌照都取消了。

    A. 广东省的汽车牌照上有5个数字，而不是4个数字。

    B. 广东省所有的汽车牌照的第一个数字都不是"4"。

    C. 广东省所有的汽车牌照的最后一个数字都不是"4"。

    D. 广东省所有的汽车牌照里都没有"4"这个数字。

3. 结婚时床上放枣和花生，表示早生贵子。

    A. 结婚时，在床上放大枣和花生，意思就是希望夫妻俩很快就有孩子。

    B. 结婚时，在床上放大枣和花生，意思就是夫妻俩将来会早上生孩子。

    C. 结婚时，在床上放大枣和花生，意思是他们将来一定生男孩。

    D. 结婚时，在床上放大枣和花生，意思是生的孩子长大后能赚很多钱。

4. 在西方基督教文化中，龙的含义却相反。

    A. 在西方文化里，人们不知道龙是什么。

    B. 在西方文化里，龙的意思不好。

第十四课　口彩与口忌

C. 在西方文化里，人们很喜欢龙。

D. 在西方文化里，龙的意思很好。

三、泛读课文后，完成以下练习

（一）下面哪一项是作者的观点

　　A. 相同的数字和动物在不同的国家代表不同的意思。

　　B. 龙比虎好，所以亚洲"四小龙"比亚洲"四小虎"好。

　　C. 北京话里没有"蛋"这个词。

　　D. 广东话里的吉屋就是屋子的意思。

（二）根据课文内容，回答问题

　　1. 你们国家的文化里也有口彩和口忌吗？请给大家介绍一下。

　　2. 你觉得人们为什么会喜欢"口彩"？

## 生词　New words

| | | | |
|---|---|---|---|
| 1. | 吉利 | jílì | lucky or auspicious |
| 2. | 喜庆 | xǐqìng | happy or joyous |
| 3. | 场合 | chǎnghé | occasion |
| 4. | 扫兴 | sǎo xìng | to feel disappointed |
| 5. | 领域 | lǐngyù | field |
| 6. | 突出 | tūchū | prominent |
| 7. | 牌照 | páizhào | license tag |
| 8. | 抢手 | qiǎngshǒu | be hot for sale |

| 9. 彩头 | cǎitóu | good luck |
| 10. 凶 | xiōng | terrible |
| 11. 取消 | qǔxiāo | to cancel |
| 12. 涉及 | shèjí | to involve |
| 13. 说法 | shuōfǎ | statement |
| 14. 枣 | zǎo | jujube |
| 15. 花生 | huāshēng | peanut |
| 16. 丝瓜 | sīguā | towel gourd |
| 17. 忌 | jì | taboo |
| 18. 贬义 | biǎnyì | depreciative |
| 19. 皮蛋 | pídàn | preserved egg |
| 20. 高速 | gāosù | high speed |
| 21. 褒义 | bāoyì | commendatory |
| 22. 象征 | xiàngzhēng | symbol |
| 23. 含义 | hányì | meaning |

 专名  **Proper nouns**

1. 广东话　　　　Guǎngdōng Huà　　　　Cantonese
2. 第二次世界大战　Dì'èrcì Shìjiè Dàzhàn　　the Second World War

## 拓展阅读　Extended reading

### 方向与颜色迷信

中国人自古就认为南向和东向是最好的朝向，而黄色和红色是古人最喜欢的颜色。北向和西向、黑色和白色就完全不同了，白色甚至被人们认为是不吉利的颜色。这种情况在中国的古代建筑、服饰中体现得非常明显。中国古建筑中的正房、主殿、大门，一般都是坐北朝南的。总之，古代以南向和东向为尊，而以北向和西向为卑，尤其认为西向为不吉利，"西"与"死"几乎同义，所以人们说"一命归西"。

颜色迷信也一样，黄色古代是皇帝和皇家的专用色，其他人都不可以使用。明清故宫、太庙及其他皇家建筑，一律是黄色屋顶。红色也是地位很高的标志，有钱的、地位很高的人家里的门是"朱门"，他们穿的衣服称"朱衣"。红色还是喜庆的象征，在民间尤其是这样，结婚贴红双喜字，新娘穿红衣，过节挂红灯，过年贴红对联，婴儿满月吃红鸡蛋等等。而白色则被认为是凶色，多与死亡、丧事联系在一起。因而婚丧大事也称为"红白大事"，称嫁入夫家，夫家随后发生灾祸的女人为"白虎星"。

这些情况的产生，和古人的天地崇拜有关。以南向、东向为尊和以红色为贵，源于古代的日神崇拜，太阳从东方升起，到中午时处于正南。太阳火红的颜色和炎热的温度给古人一种神秘的感觉,由此,古人产生了对太阳的崇拜。以黄色为尊,则源于古代的地神崇拜,黄色的土地代表了食物和生存。

## 练习 Exercises

### 一、根据短文内容,判断正误

( ) 1. 中国古代所有的建筑都必须是坐北朝南的。

( ) 2. 古时候中国人认为北方和西方是不好的位置。

( ) 3. 在中国红色代表了喜庆,过年时人们都很喜欢用这个颜色。

( ) 4. "白虎星"是用来指男人的。

( ) 5. 古人喜欢黄色,是因为它象征着土地。

### 二、根据课文内容,回答问题

1. "一命归西"是什么意思?

2. 中国人喜欢什么颜色?不喜欢什么颜色?

3. 在你们国家什么颜色是吉利的?什么颜色是不吉利的?

# 第十五课　端午节知多少

## 热点话题　Hot topics

1. 除了春节，你还知道哪些中国的节日？
2. 你知道端午节吗？在端午节人们要吃什么？

## 课文　Text

端午节是中国四大传统节日之一，又称端阳节、重五节或天中节，已经有两千多年的历史了。尽管端午节的<u>由来</u>有祭诗人屈原、祭伍子胥、纪念勾践等不同的传说，在中国各地人们举行赛龙舟等不同形式的活动进行纪念，但实际上它也是在酷暑之前一次<u>全民</u>性的防灾去病活动。因为五月是夏季的开端，夏天高温、湿热，<u>害虫</u>也活跃起来，比如蚊子，人容易生病，所以在这个节日有些地方民间有喝雄黄酒的习俗。

在端午节这天，各地因风俗习惯不同，活动的内容也不完全一样，但吃粽子是不可或缺的。粽子最简单的做法是用苇叶或竹叶包上糯米，里面也可以<u>加入</u>不同口味的馅儿。就口味而言，粽子有甜有咸，有荤有素：北方的粽子以甜味为主，南方的粽子甜少咸多；粽子的馅儿，是最能突显地方特色的，比如北方的馅里可以是大枣、红豆，而在广东，烧鸡也可以用来做馅。

汉族过端午的习俗相当丰富，一些少数民族的风俗也别有趣味。四川小凉山彝族在端午节，人们纷纷进山采集草药，做防病治病之用；仫佬族过端午要抬着纸船到田间赶走害虫，祝愿禾苗长好；贵州苗族端午节除赛龙舟外，还举行踩鼓舞、唱歌、赶山、游方等活动；藏族民间过端午节，青年男女到郊外游乐，进行赛马、歌舞、游戏等活动。

端午节作为多民族的民俗大节，除了自古以来的避瘟驱毒、防灾去病的积极含义外，不可避免地也带有了不同地方、不同民族的风俗特色。也正因为如此，这个民俗节日的文化色彩就更<u>浓</u>厚了。

## 注 释

**雄黄酒**：端午节饮用的、加有雄黄的酒。

第十五课　端午节知多少

练习　Exercises

一、快速阅读课文后，完成以下练习

（一）根据课文内容，选择正确答案

1. 端午节又可以叫做什么节？
   A. 元宵节　　　　　　B. 重五节
   C. 清明节　　　　　　D. 七夕节

2. 下面哪一个不是端午节的来历？
   A. 纪念勾践　　　　　B. 祭诗人屈原
   C. 纪念曹操　　　　　D. 祭伍子胥

3. 下面哪一个活动是端午节必不可少的？
   A. 吃粽子　　　　　　B. 赛龙舟
   C. 喝雄黄酒　　　　　D. 唱歌跳舞

4. 下面哪一个不是少数民族在端午节的庆祝活动？
   A. 采草药　　　　　　B. 抬纸船
   C. 赛马　　　　　　　D. 拍手舞

（二）根据课文内容，判断正误

（　）1. 两千多年前中国就有端午节了。

（　）2. 端午节是在秋天庆祝的节日。

（　）3. 端午节人们只能吃甜粽子。

（　）4. 粽子既有素的也有荤的。

（　）5. 少数民族过端午节的风俗和汉族都差不多。

## 二、精读课文后，完成以下练习

**（一）根据课文内容，选择画线词语在文中的意思**

1. 尽管端午节的<u>由来</u>有祭诗人屈原、祭伍子胥、纪念勾践等不同的传说。
   - A. 事物产生的条件
   - B. 事物的来源
   - C. 来做事的理由
   - D. 来做事的目的

2. 实际上它也是在酷暑之前一次<u>全民</u>性的防灾去病活动。
   - A. 全部的民俗活动
   - B. 民间所有的地方
   - C. 国家所有的贫民
   - D. 国家所有的人

3. 夏天高温、温热，<u>害虫</u>也活跃起来，比如蚊子，人容易生病。
   - A. 一种很小的动物
   - B. 一种很大的动物
   - C. 蚊子的一个种类
   - D. 对人有害的动物

4. 但里面也可以<u>加入</u>不同口味的馅儿。
   - A. 添加
   - B. 进入
   - C. 加工
   - D. 加强

5. 这个民俗节日的文化色彩就更<u>浓厚</u>了。
   - A. 浓度高
   - B. 很重
   - C. 很浓密
   - D. 很强

**（二）根据课文内容，选择下列句子的正确解释**

1. 五月是夏季的开端。
   - A. 五月来了，表示夏天就要开始了。
   - B. 五月是夏季开始以后的第一个月。
   - C. 五月也被人们称为"开端"。
   - D. 五月的天气是夏天最热的。

2. 就口味而言，粽子有甜有咸，有荤有素。
   - A. 粽子有甜的、咸的、荤的和素的等不同种类。
   - B. 粽子一共有两个种类：甜咸的和荤素的。
   - C. 粽子有甜咸和荤素等各种各样的味道。

## 第十五课　端午节知多少

D. 粽子的种类不少但味道却不简单。

3. 汉族过端午的习俗相当丰富，一些少数民族的风俗也别有趣味。

　　A. 和汉族过端午节的习俗相比，少数民族的风俗就很少。

　　B. 虽然汉族过端午节的习俗很多，但少数民族的比汉族还多。

　　C. 汉族和少数民族过端午节的习俗差不多一样多。

　　D. 虽然汉族过端午节的习俗很多，但少数民族也有自己的特点。

4. （端午节）自古以来有避瘟驱毒、防灾去病的积极含义。

　　A. 人们过端午节是因为以前发生过不好的事情。

　　B. 人们过端午节是因为身体有病毒，希望身体健康。

　　C. 人们过端午节是为了防病和驱除不好的东西，希望一切都好。

　　D. 人们过端午节是为了继承古人的传统。

### 三、泛读课文后，完成以下练习

（一）下面哪一项不是作者的观点

　　A. 端午节是中国很重要的节日。

　　B. 不但汉族过端午，少数民族也过。

　　C. 粽子的馅每个地方都不太一样。

　　D. 凡是中国人都很喜欢吃粽子。

（二）根据课文内容，回答问题

　　1. 中国人为什么要过端午节？

　　2. 你们的国家除了核心节日以外，人们还过什么节？

### 生词　New words

| | | |
|---|---|---|
| 1. 尽管 | jǐnguǎn | although |
| 2. 祭 | jì | to offer sacrifice to |

| | | | |
|---|---|---|---|
| 3. | 纪念 | jìniàn | to commemorate |
| 4. | 由来 | yóulái | origin |
| 5. | 实际 | shíjì | actual |
| 6. | 全民 | quánmín | the entire population of a country |
| 7. | 开端 | kāiduān | beginning |
| 8. | 害虫 | hàichóng | pest |
| 9. | 蚊子 | wénzi | mosquito |
| 10. | 习俗 | xísú | custom; tradition |
| 11. | 风俗 | fēngsú | custom |
| 12. | 粽子 | zòngzi | rice dumpling |
| 13. | 馅儿 | xiànr | filling |
| 14. | 突显 | tūxiǎn | to make something prominent |
| 15. | 相当 | xiāngdāng | considerably |
| 16. | 采集 | cǎijí | to collect |
| 17. | 田间 | tiánjiān | farm |
| 18. | 禾苗 | hémiáo | grain crop seedling |
| 19. | 避免 | bìmiǎn | to avoid |
| 20. | 浓厚 | nónghòu | dense; thick |

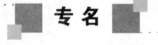 **Proper nouns**

1. 屈原　　　　　Qū Yuán　　　　　*a great patriotic poet of China*

## 第十五课 端午节知多少

| | | |
|---|---|---|
| 2. 伍子胥 | Wǔ Zǐxū | a strategist of the state of Wu |
| 3. 勾践 | Gōu Jiàn | King of the state of Yue |
| 4. 彝族 | Yí Zú | the Yi nationality |
| 5. 仫佬族 | Mùlǎo Zú | the Mulam nationality |
| 6. 贵州 | Guìzhōu | name of a province in China |
| 7. 苗族 | Miáo Zú | the Miao nationality |

拓展阅读　Extended reading

### 欢乐的泼水节

　　泼水节是傣族一年一度的传统节日，它是傣族最隆重的节日，也是云南少数民族节日中影响最大、参加人数最多的节日。泼水节是傣族的新年，一般在阳历四月十三至十五日（傣历六月），庆祝时间一般是三天。

　　节日第一天清晨，人们采来鲜花绿叶到佛寺供奉，并在寺院中堆沙造塔四、五座，大家围塔而坐，听经，然后又将佛像抬到院中，妇女抬来清水为佛像清洗，等到这一切结束以后，青年男女离开佛寺，互相泼水，泼水活动就开始了。人们用铜钵、脸盆以至水桶装水，走到大街小巷，见人就泼水。民间认为，这是吉祥的水，祝福的水，可以消灾除病，所以人们尽情地泼，不论泼者还是被泼者，虽然从头到脚全身湿透了，但还是非常高兴，到处充满了欢声笑语。

除了泼水，还有群众性的歌舞活动。无论是七八十岁的老人，还是七八岁的娃娃，穿上节日盛装，来到广场，男女老少围成一圈，合着锣鼓跳舞，边唱边跳，有的男子边跳边喝酒，甚至醉倒在广场上。

节日期间，在澜沧江上举行划龙船比赛。木船装饰成龙、孔雀、大鱼等形象，由几十个男女青年奋力划船，比赛结束后，胜利者来到主席台前领奖并喝庆功酒。

一、根据短文内容，判断正误

（　）1. 泼水节是汉族最重要的节日。
（　）2. 傣历六月的泼水节一般要庆祝三天。
（　）3. 节日的第一天早晨人们什么也不做。
（　）4. 老人和小孩都参加跳舞活动。
（　）5. 划木船的都是年轻人。

二、根据课文内容，回答问题

1. 泼水节一般在什么季节举行？
2. "欢声笑语"是什么意思？
3. 在泼水节，人们为什么见人就泼水？

# 第十六课

## 中秋节——千里共婵娟

1. 在中国，中秋节人们吃什么？有哪些主要活动？
2. 你知道课文的题目"千里共婵娟"是什么意思吗？

中秋节是仅次于春节的中国第二大传统节日，与春节、端午节、清明节并称为汉族的四大传统节日。因为节日在农历的八月十五，刚好是三秋之半，所以叫"中秋节"；又因为有祈求团圆的相关活动，而被称为"团圆节"。还因中秋节的主要活动都是和月亮有关的，所以又叫"月节"、"月夕"。中国地域辽阔，风俗各异，在几千年的历史中，中秋节的庆祝活动多种多样，并带有浓厚的地方特色，但民间人们的主要活动是赏月和吃月饼。

关于中秋节的起源，大致有三种：起源于古人对月的崇拜、月下歌舞寻找伴侣的习俗以及古代春天祭日、秋天祭月的传统。在中国人心中，月亮始终是柔和与光明的象征，寄托着中国人的美好愿望。古人把中秋节的圆月视为团圆的象征，古往今来，人们常用"月圆"、"月缺"来形容"悲欢离合"，客居异国他乡的人，更是以月来寄托思念家乡亲人之情。中国古代男女恋爱时在月下盟誓定情，有些暂时分离的恋人也会拜求月亮祈求尽快团圆。中秋节是个古老的节日，祭月赏月是节日的重要习俗，古代帝王有春天祭日、秋天祭月的传统，北京的"月坛"就是明代皇帝为祭月建造的。

自古以来人们留下了很多跟月亮有关的诗词歌曲、谜语对联。如北宋诗人苏轼就有这样的诗句"人有悲欢离合，月有阴晴圆缺，此事古难全。但愿人长久，千里共婵娟"，流传至今。

2006年5月20日，经国务院批准"中秋节"被列入第一批国家级非物质文化遗产名录，这一节日从2008年起被定为中国国家法定节假日。

## 注 释
婵娟：指月亮。

## 第十六课　中秋节——千里共婵娟

**练习　Exercises**

**一、快速阅读课文后，完成以下练习**

（一）根据课文内容，选择正确答案

1. 下面哪一个不是中国汉族的四大传统节日？
   A. 春节　　　　　　　　B. 端午节
   C. 七夕节　　　　　　　D. 清明节

2. 中秋节的主要活动和什么有关系？
   A. 太阳　　　　　　　　B. 月亮
   C. 天空　　　　　　　　D. 星星

3. 下面哪一个不是中秋节的起源？
   A. 古代祭月的传统　　　B. 月亮下寻找伴侣的习俗
   C. 对月亮的崇拜　　　　D. 古代祭日的传统

4. 中秋节从什么时候开始成为中国的法定节日？
   A. 2005 年　　　　　　　B. 2008 年
   C. 2006 年　　　　　　　D. 2009 年

（二）根据课文内容，判断正误

（　）1. 中秋节也可以称为"月夕"。

（　）2. 中秋节的庆祝活动从古至今都是不变的。

（　）3. 古代的中国人很喜爱月亮。

（　）4. 古代的帝王在春季祭太阳。

（　）5. 北京的"月坛"是皇帝祭天用的。

## 二、精读课文后，完成以下练习

（一）根据课文内容，选择画线词语在文中的意思

1. （中秋节）因为有祈求团圆的<u>相关</u>活动，而被称为"团圆节"。
   - A. 相互有关系
   - B. 相互有共同的地方
   - C. 相互认识
   - D. 两个事物一样

2. 关于中秋节的<u>起源</u>，大致有三种。
   - A. 发生的条件
   - B. 产生的由来
   - C. 发展的结果
   - D. 带来的影响

3. 月亮始终是<u>柔和</u>与光明的象征。
   - A. 温顺美丽
   - B. 柔软和谐
   - C. 软弱优美
   - D. 柔软温和

4. （月亮）<u>寄托</u>着中国人的美好愿望。
   - A. 把希望、感情等放在某人或某物上
   - B. 写信寄回家，表达自己的感情
   - C. 把重要的东西放在家里面
   - D. 把重要的东西交给朋友

5. 客居异国他乡的人，更是以月来寄托<u>思念</u>家乡亲人之情。
   - A. 想念
   - B. 考虑
   - C. 想法
   - D. 想到

6. 有些暂时<u>分离</u>的恋人也会拜求月亮祈求尽快团圆。
   - A. 再也不会回来
   - B. 早上出去晚上回来
   - C. 分开一段时间
   - D. 每天只能早上见面

（二）根据课文内容，选择下列句子的正确解释

1. 中国地域辽阔，风俗各异。
   - A. 因为中国很大，所以每个地方的风俗习惯不一样。
   - B. 虽然中国很大，但每个地方的风俗习惯大致一样。
   - C. 即使中国很大，但各地方的风俗习惯也都差不多一样。

# 第十六课　中秋节——千里共婵娟

D. 如果中国很大，那么每个地方的风俗习惯不一样。

2. 古人把中秋节的圆月视为团圆的象征。

　　A. 对古人来说，中秋节的月亮看上去很圆。

　　B. 中秋节的月亮被古人称为"团圆的月亮"。

　　C. 在古人眼里，中秋节的月亮代表了团圆。

　　D. 古人喜欢大家在一起看月亮。

3. 古往今来，人们常用"月圆、月缺"来形容"悲欢离合"。

　　A. 从古到今，人们常常用月亮的不同形状来表示欢乐悲伤的情感。

　　B. 从古到今，"月圆"意思悲欢，"月缺"意思是离合。

　　C. 古人常用月亮的不同形状，来表示不同的情感，但现在意思变了。

　　D. 从古到今，月亮的不同形状表示不同的情感，但现在意思变了。

4. 但愿人长久，千里共婵娟。

　　A. 只愿有情人能永远在一起，能见到远在千里之外的婵娟姑娘。

　　B. 只愿互相思念的人能天长地久，即使相隔千里，也能通过月光来传递思念。

　　C. 只愿彼此分离的人能够一起面对明月，从此天长地久再也不分离。

　　D. 只愿喜欢月亮的人能够永远在一起欣赏这美丽的月光。

## 三、泛读课文后，完成以下练习

（一）下面哪一项不是作者的观点

　　A. 中国人从古至今都用月亮寄托了美好的愿望。

　　B. 月亮对中国文化产生了很大的影响。

　　C. 离开家乡的人在中秋节会更加思念故乡的亲人。

　　D. 中国人喜欢柔和的月亮，却不太崇拜太阳。

（二）根据课文内容，回答问题

　1. 你认为中国人为什么会喜欢月亮？

　2. 你们的国家月亮代表什么意思？

## 生词　New words

| | | | |
|---|---|---|---|
| 1. | 传统 | chuántǒng | tradition |
| 2. | 团圆 | tuányuán | to have a reunion |
| 3. | 相关 | xiāngguān | interrelated |
| 4. | 辽阔 | liáokuò | vast |
| 5. | 起源 | qǐyuán | origin |
| 6. | 崇拜 | chóngbài | worship |
| 7. | 伴侣 | bànlǚ | mate |
| 8. | 柔和 | róuhé | gentle; soft |
| 9. | 寄托 | jìtuō | to entrust the care of |
| 10. | 美好 | měihǎo | fine |
| 11. | 视 | shì | to regard |
| 12. | 形容 | xíngróng | to describe |
| 13. | 思念 | sīniàn | to miss |
| 14. | 恋爱 | liàn'ài | to fall in love |
| 15. | 暂时 | zànshí | temporary |
| 16. | 盟誓 | méngshì | to make a pledge |
| 17. | 分离 | fēnlí | to separate |
| 18. | 祈求 | qíqiú | to pray for |
| 19. | 对联 | duìlián | antithetical couplet (written on scrolls, etc.) |
| 20. | 但愿 | dànyuàn | if only |

## 第十六课　中秋节——千里共婵娟

### 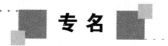 专 名　Proper nouns

1. 月坛　　　Yuètán　　　　　Temple of the Moon
2. 苏轼　　　Sū Shì　　　　　a poet of the Northern Song Dynasty

###  拓展阅读　Extended reading

### 元宵节的由来

在中国，春节刚过，农历正月十五日，人们又迎来另一个传统节日——元宵节。正月是农历的元月，古人称夜为"宵"，所以称正月十五为元宵节。正月十五是一年中第一个月圆之夜，人们庆祝元宵，也是庆祝新春的延续。

在这明月当空的夜晚，人们要点花灯、放焰火、猜灯谜、吃元宵，合家团聚，共庆佳节。

元宵节也称为灯节，自古以来就有元宵节欣赏花灯的风俗。到了唐代，赏灯活动发展得更大，大家点起花灯，热热闹闹地庆祝灯节。唐诗中就有描写元宵节的诗句。以后赏灯的活动代代相传，灯的花样越来越多，活动延续的时间越来越长，规模也越来越大。

"猜灯谜"也是元宵节的一项活动，据说这项活动是从宋代开始的。当时人们把谜语写在纸条上，贴在五光十色的彩灯上让人猜，因为谜语能启迪智慧又很有趣，所以很受大家的欢迎，这项活动也就一代代流传下来了。

过元宵节家家户户都要吃元宵。元宵用糯米制成，里面包着各种各样的馅，主要有豆沙、芝麻、花生等。元宵甜甜的、圆圆的，又叫"汤团"或"汤圆"，这些名称都和"团圆"字音相近，象征全家人团团圆圆、生活甜美幸福。

在不同的地区，元宵节的活动也不同，不少地方节日期间有耍龙灯、耍狮子、划旱船、扭秧歌等活动。这个流传了两千多年的传统节日，现在不仅在中国，在海外的华侨聚居地区也很盛行。

## 练习 Exercises

### 一、根据短文内容，判断正误

（　） 1. 春节在元宵节的后面。
（　） 2. 古往今来，元宵节人们都要看花灯。
（　） 3. 各式各样的花灯越来越多，看花灯的时间越来越长。
（　） 4. "猜灯谜"是从唐代开始的元宵节活动。
（　） 5. 元宵节只在中国过，外国一般没有人过这个节日。

### 二、根据课文内容，回答问题

1. 元宵节是在什么季节的节日？

2. 为什么元宵节人们要吃元宵？
3. 课文里的"五光十色"是什么意思？

## 阅读小技巧　Reading skills

### 阅读中的句子学习

在阅读段落、篇章的时候，有时会因为某一个长句子难以理解而影响整个段落、篇章的理解，甚至产生畏难情绪而中断阅读。因此学会阅读长句和难句是十分重要的。对于各种类型的长句和难句，有两种阅读技巧十分有用：

一是缩略法。在一个很长的句子中，不可能每个词语都负载关键信息，此时你可以去掉句中不重要的词和句子成分，抓住句子的主语、动词，使长句子变成一个短句子。而应当保留的信息主要有两点：1.句子要说明的是什么事物；2.这些事物情况如何。如："每个人都会有这种词语在舌头上打转、觉得答案就在嘴边可无论如何也说不出来的经历"。阅读时先抓住"每个人都会有这种经历。"然后再看看"到底是什么样的经历"。这样理解起来就简单多了。

二是形式标记识别法。具体做法是抓句中的关联词语、影响全句意义的词（如：你别相信他的话）和影响全句意义的标点符号（如：我相信他？表示"我不相信"的含义）来理解句子。

# 第十七课

# 泰山印象

热点话题  Hot topics

1. 你喜欢爬山吗？
2. 你知道哪些中国名山？

课文  Text

中国有许多名山，泰山、衡山、华山、恒山、嵩山被称为"五岳"而举世闻名，其中位于山东省中部的泰山更被称为"五岳之首"，可见泰山的<u>与众不同</u>。去过泰山的人都会赞美泰山的美丽和大自然的神奇，而泰山不仅风景优美，还有着悠久的历史文化。

泰山的气候，四季<u>分</u>明，各有特色。夏季凉爽，最热的七月平均气温也只有17℃。即使这时候爬泰山，也会感到十分舒适，不会觉得热。到山顶时，还需要穿上外衣。夏天虽然是泰

## 第十七课　泰山印象

山的多雨季节，不过若能碰到夏季的雨过天晴，就可以在山顶上欣赏到山上红霞、脚下云海的壮丽景色。春秋两季气候不冷也不热，平均气温10℃。但春季风沙较大，秋季则风雨较少，晴天较多。因此，4月~11月是游泰山的最佳时间。而秋季又是爬山、看日出的黄金季节，据说天气好的时候还可以看见黄河。冬季虽然天气偏冷，但是可以看到日出的机会也较多。冬天泰山的雪景十分漂亮。此外，尽量不要选择黄金周期间去泰山旅游，因为人很多会非常拥挤。

到泰山游览，要尽量避免乘旅游车上下、乘索道往返，这样的行程安排一点意思也没有。如果时间、体力允许，最好要爬一爬泰山，这样才能感受到泰山的与众不同。爬泰山时，由于山上昼夜温差大，最好多准备一件衣服，预防感冒。爬山时速度不要太快，照相时尤其要注意安全，所谓"看景不走路，走路不看景"。

1987年，泰山被联合国教科文组织列为世界遗产，是融自然与文化遗产为一体的世界名山。汉语里有许多关于泰山的典故传说，比如"天不怕，地不怕，就怕泰山的石敢当"。还有人们常挂在嘴边的"有眼不识泰山"，用这句成语来比喻因只看表面现象而没有认清对方的社会地位或是低估了对方的能力。

## 练习 Exercises

一、快速阅读课文后，完成以下练习

（一）根据课文内容，选择正确答案

1. 关于"五岳"，下面哪一项不对？
   A. "五岳"是指中国五座有名的山
   B. 泰山是"五岳之首"
   C. "五岳"都在山东省
   D. "五岳"不包括庐山

2. 以下哪一项不是泰山秋季的气候特点？
   A. 不冷也不热  B. 风沙较大
   C. 风雨少      D. 晴天多

3. 游泰山的最佳季节是什么？
   A. 夏天和秋天  B. 秋天和冬天
   C. 冬天和春天  D. 一年四季

4. 爬泰山时要注意什么？
   A. 看日出的时间    B. 泰山上不能照相
   C. 人太多会很拥挤  D. 多带一件衣服

（二）根据课文内容，判断正误

（　）1. 泰山位于山东省东部。

（　）2. 只有秋天去泰山才能看到日出。

（　）3. 泰山四季分明，夏季不太热。

（　）4. 爬泰山时要注意昼夜温差变化。

（　）5. 泰山是联合国教科文组织评选的世界遗产。

第十七课 泰山印象

二、精读课文后，完成以下练习

（一）根据课文内容，选择画线词语在文中的意思

1. 可见泰山的<u>与众</u>不同。
   A. 特别　　　　　　　　B. 没有差别
   C. 奇怪　　　　　　　　D. 比较一般

2. 泰山的气候，四季<u>分明</u>，各有特色。
   A. 分别　　　　　　　　B. 非常亮
   C. 显然　　　　　　　　D. 很清楚

3. <u>若</u>能碰到夏季的雨过天晴，就可以在山顶上欣赏到壮丽景色。
   A. 一定　　　　　　　　B. 可以
   C. 如果　　　　　　　　D. 好像

4. 冬季虽然天气<u>偏冷</u>，但是可以看到日出的机会也较多。
   A. 比较寒冷　　　　　　B. 时冷时热
   C. 最冷　　　　　　　　D. 并不寒冷

5. <u>尽量</u>不要选择黄金周<u>期间</u>去泰山旅游。
   A. 开始　　　　　　　　B. 一段时间里
   C. 结束　　　　　　　　D. 一段时间后

6. "有眼不识泰山"比喻因只看表面现象而没有认清对方的社会地位或是<u>低估</u>了对方的能力。
   A. 猜测不准　　　　　　B. 降低身份
   C. 过低估计　　　　　　D. 过分要求

（二）根据课文内容，选择下列句子的正确解释

1. 最热的七月平均气温也只有17℃。
   A. 泰山七月是最热的。
   B. 泰山夏季的平均气温只有17℃。
   C. 泰山七月每天都是17℃。

D. 泰山最热的时候有17℃。

2. 冬季虽然天气偏冷，但是可以看到日出的机会也较多。

　　A. 冬天虽然看到日出的机会很多，但不是很冷。

　　B. 冬天是去泰山看日出的最好季节。

　　C. 冬天虽然比较冷，但是有机会看到日出。

　　D. 因为冬天比较冷，所以才能看到日出。

3. 这样的行程安排一点意思也没有。"这样"是指：

　　A. 爬泰山　　　　　　　　B. 山顶看日出

　　C. 看雪景　　　　　　　　D. 乘索道往返

4. 如果时间、体力允许，最好要爬一爬泰山，这样才能感受到泰山的与众不同。

　　A. 如果不爬泰山很难感受到泰山的独特。

　　B. 去泰山旅游一定要爬泰山。

　　C. 不爬泰山也能感受泰山的与众不同。

　　D. 没有时间和体力也要爬一爬泰山。

## 三、泛读课文后，完成以下练习

（一）关于泰山，下面哪种说法不正确

　　A. 爬山时的速度不能太快。

　　B. 夏季风沙大，所以不适合去泰山旅游。

　　C. 黄金周期间会有很多人去泰山旅游。

　　D. 泰山有着悠久的历史文化。

（二）根据课文内容，回答问题

1. 泰山的气候有哪些特点？

2. 去泰山游览要避免什么？

3. 为什么说"看景不走路，走路不看景"？

# 第十七课  泰山印象

## 生词  New words

| | | | |
|---|---|---|---|
| 1. | 位于 | wèiyú | to locate |
| 2. | 与众不同 | yǔ zhòng bùtóng | out of the ordinary |
| 3. | 赞美 | zànměi | to praise and admire |
| 4. | 神奇 | shénqí | miraculous |
| 5. | 四季 | sìjì | four seasons |
| 6. | 分明 | fēnmíng | clear; obvious |
| 7. | 凉爽 | liángshuǎng | nice and cool |
| 8. | 即使 | jíshǐ | even; even if; even though |
| 9. | 山顶 | shāndǐng | the mountain top |
| 10. | 外衣 | wàiyī | coat |
| 11. | 若 | ruò | if |
| 12. | 雨过天晴 | yǔ guò tiān qíng | after a shower the sky cleared up |
| 13. | 霞 | xiá | rosy clouds |
| 14. | 壮丽 | zhuànglì | magnificent |
| 15. | 风沙 | fēngshā | wind-blown sand |
| 16. | 日出 | rìchū | sunrise |
| 17. | 偏(冷) | piān(lěng) | rather (cold) |
| 18. | 期间 | qījiān | perioded |
| 19. | 拥挤 | yōngjǐ | crowded |
| 20. | 索道 | suǒdào | ropeway |

| 21. 行程 | xíngchéng | travel route |
| 22. 体力 | tǐlì | physical strength |
| 23. 温差 | wēnchā | difference in temperature |
| 24. 遗产 | yíchǎn | legacy; heritage |
| 25. 低估 | dīgū | to look down upon |

## 专名 Proper nouns

| 1. 泰山 | Tài Shān | Mount Tai (in Shangdong province) |
| 2. 衡山 | Héng Shān | Mount Heng (in Hunan province) |
| 3. 华山 | Huà Shān | Mount Hua (in Shaanxi province) |
| 4. 恒山 | Héng Shān | Mount Heng (in Shanxi province) |
| 5. 嵩山 | Sōng Shān | Mount Song (in Henan province) |
| 6. 山东省 | Shāndōng Shěng | Shandong province |
| 7. 黄河 | Huáng Hé | Yellow River |
| 8. 联合国教科文组织 | Liánhéguó Jiàokēwén Zǔzhī | UNESCO |

## 拓展阅读 Extended reading

### 一起去爬山

春季是爬山的好季节，中国有许多名山，如泰山、黄山等。许多游客喜欢结伴去爬山，不但可以欣赏大自然的美景，还能

## 第十七课　泰山印象

锻炼身体——爬山是很好的运动,但爬山也有一些需要注意的地方。

首先,在爬山前要做好以下准备。爬山前应先检查身体,尤其是中老年人,要做全面的身体检查,如果身体不舒服千万不要勉强。此外,要注意天气预报并先计划好爬山的路线,安排好休息和吃饭的地点,最好有导游或熟人带路以免迷路。爬山前特别要注意服装和鞋子,尽量少带杂物。鞋子应选择户外登山鞋,不要穿高跟鞋。

其次,在爬山过程中不论路途长短都不要急着爬到山顶,更不要互相比赛,因为这样是非常危险的,也少了爬山的乐趣。没有爬过山的人,大多认为上山费力下山轻松,事实上未必如此。上山时虽然需要用较多的体力,但下山时的安全性却远比上山时小。因此下山的时候速度一定不能太快,更不能一口气冲下山。如果下山的时候走得太快,会发生不能及时减慢速度或停不下来的情况,甚至会摔倒滚下山来,非常危险。

最后,如果爬山的时候遇到下雨,不能打雨伞而要穿雨衣,这是为了躲避雷电,而且山上一般风比较大,打雨伞并不安全。如果没有带雨具,那最好在洞穴中避雨,而不要到山顶或树下避雨。

## 练习  Exercises

**一、根据短文内容，判断正误**

（　）1. 爬山是一种很好的锻炼身体的方式。

（　）2. 身体不舒服时不适合爬山。

（　）3. 爬山穿什么鞋都可以。

（　）4. 下山总是比上山容易。

（　）5. 下山的时候如果速度太快会很危险。

**二、根据课文内容，回答问题**

1. 爬山前需要做哪些准备？
2. 爬山时遇到下雨该怎么办？
3. 你认为爬山时还要注意什么？

# 第十八课

## 多元文化新天地

1. 你听说过上海"新天地"吗？去过吗？
2. 你喜欢"新天地"吗？为什么？

每个民族都有自己独特的文化，但任何文化都是处在发展变化中的。文化发展的主要途径是本国优秀文化和世界优秀文化相融合。没有民族的和传统的内在，就没有自己的特点。没有世界优秀文化的加入，就很难向前发展。余光中有个"浪子回头金不换"的观点，他认为孝子始终保持祖先的东西，不想改变，是不行的；但是浪子离开了故乡，忘记了自己的根，也是不对的。浪子回头，把祖先的优秀文化和世界优秀文化相结合，才是可行的。文化融合有不同的形式，有的互相融合，形成更高的形式；有的互相吸收，但仍保留自己的特点。

上海新天地是中国文化和世界文化融合的一个很好证明，它以上海独特的石库门建筑旧区为基础，改造成了具有国际水平的餐饮、商业、娱乐、文化的休闲步行街，在这里，餐厅、酒吧、咖啡馆、时装店、超级影院应有尽有。

新天地成功的秘密是外古内洋，古中有洋。通过厚重的石库门，屋内打通隔墙，出现宽阔的空间，安装四季如春的空调，西方的壁炉，配上立式老唱机和各种家具，挂着不同时代的画。人们可以在这里穿越文化上的时空距离，看到上海的昨天、今天和明天，可以在这里欣赏巴黎的现代舞蹈和日本的摇滚，享受各国美食，比如来自德国的啤酒。在传统和流行的融合中，新天地成为白领、居住在上海的外国人士和到上海的中外游客聚会和放松的好去处。新天地推动了旧城改造，推动了周围的房地产业，推动了上海的旅游业，也为全国创造了一个商业街的知名品牌。在市场营销上，新天地也有独特的方面，只租不卖，保证新天地的行业质量。

## 注 释

石库门：最具上海特色的居民住宅。多为二层楼房因石头门框、黑漆大门而得名。

摇滚：(rock-and-roll) 是起源于美国西部摇摆风格的一种音乐。

## 第十八课　多元文化新天地

**练习　Exercises**

### 一、快速阅读课文后，完成以下练习

（一）根据课文内容，选择正确答案

1. 以下哪一项新天地里没有？
   - A. 厚重的石库门
   - B. 西方的壁炉
   - C. 现代化的游泳池
   - D. 立式老唱机

2. 在新天地里你不能做什么？
   - A. 喝德国啤酒
   - B. 听日本音乐
   - C. 和朋友打篮球
   - D. 看不同的画

3. 人们为什么去新天地？
   - A. 要去工作
   - B. 和朋友见面
   - C. 家在那里
   - D. 新天地有运动场

4. 新天地的成功推动了什么？
   - A. 上海的空调业
   - B. 上海的饮食业
   - C. 上海的进口业
   - D. 上海的旅游业

（二）根据课文内容，判断正误

（　）1. 新天地的设计只代表中国的文化。

（　）2. 在上海工作的外国人不太喜欢去新天地聚会。

（　）3. 很多人来上海旅游，一定会去新天地。

（　）4. 在新天地里不卖吃的。

（　）5. 新天地既可以租也可以卖。

## 二、精读课文后，完成以下练习

**(一) 根据课文内容，选择画线词语在文中的意思**

1. 每个民族都有自己<u>独特</u>的文化。
   A. 特别的                B. 共同的
   C. 一样的                D. 一般的

2. 文化发展的主要<u>途径</u>是本国优秀文化和世界优秀文化相融合。
   A. 小路                  B. 街道
   C. 方法                  D. 门口

3. 屋内打通隔墙，出现<u>宽阔</u>的空间。
   A. 很小                  B. 很大
   C. 很高                  D. 很少

4. 在传统和<u>流行</u>的融合中，新天地成为人们聚会的好去处。
   A. 人们接受并喜欢的       B. 大家都欣赏的
   C. 从古到今一直都有的     D. 从过去一直向前走的

5. 新天地成为白领、居住在上海的外国人士和到上海的中外游客聚会和<u>放松</u>的好去处。
   A. 工作                  B. 休息
   C. 考试                  D. 放学

**(二) 根据课文内容，选择下列句子的正确解释**

1. 浪子回头金不换。
   A. 不务正业、游荡在外的青年人没钱，所以不能回家。
   B. 不务正业、游荡在外的青年人努力工作，所以带了很多钱回家。
   C. 不务正业、游荡在外的青年人回头时，发现自己的钱不见了。
   D. 不务正业、游荡在外的青年人改正错误后极为可贵。

2. (新天地) 成功的秘密是外古内洋，古中有洋。
   A. 新天地成功的原因是中外文化结合。
   B. 新天地成功的秘密是中外人士都喜欢来。

# 第十八课　多元文化新天地

C. 新天地成功的秘密是中外人士都来这里工作。

D. 新天地成功的原因是保留了中国的传统建筑。

3. 安装四季如春的空调。

A. 只有春天才可以安装空调。

B. 春天不可以安装空调。

C. 安装上空调，夏秋冬都很舒服。

D. 安装"四季如春"牌空调。

4. 新天地为全国创造了一个商业街的知名品牌。

A. 有一个商业街叫知名品牌。

B. 新天地作为商业街已取得成功。

C. 新建了一条街，每个人都知道。

D. 新天地有一条商业街。

## 三、泛读课文后，完成以下练习

（一）下面哪一项是作者的观点

A. 新天地不成功，别的行业要注意。

B. 新天地很成功，别的行业应该学习。

C. 新天地很好玩，大家都应该去看看。

D. 新天地太传统，将来要与世界文化融合。

（二）根据课文内容，回答问题

1. 你认为新天地的成功说明了什么？

2. 在引进世界优秀文化的同时，如何保留传统文化，你有什么好的建议？

生词　New words

1. 途径　　　　　tújìng　　　　　way

| | | | |
|---|---|---|---|
| 2. | 内在 | nèizài | intrinsic |
| 3. | 孝子 | xiàozǐ | dutiful son |
| 4. | 加入 | jiārù | to add in |
| 5. | 祖先 | zǔxiān | ancestor |
| 6. | 可行 | kěxíng | feasible |
| 7. | 吸收 | xīshōu | to assimilate |
| 8. | 保留 | bǎoliú | to retain |
| 9. | 洋 | yáng | foreign |
| 10. | 宽阔 | kuānkuò | wide |
| 11. | 安装 | ānzhuāng | to install |
| 12. | 空调 | kōngtiáo | air conditioner |
| 13. | 配 | pèi | to match |
| 14. | 欣赏 | xīnshǎng | to appreciate |
| 15. | 舞蹈 | wǔdǎo | dance |
| 16. | 流行 | liúxíng | popular |
| 17. | 白领 | báilǐng | white collar |
| 18. | 游客 | yóukè | tourist |
| 19. | 放松 | fàngsōng | to relax |
| 20. | 房地产 | fángdìchǎn | real estate |
| 21. | 品牌 | pǐnpái | brand |
| 22. | 营销 | yíngxiāo | marketing |
| 23. | 租 | zū | to rent |

## 第十八课 多元文化新天地

### 专名 Proper nouns

| 余光中 | Yú Guāngzhōng | a contemporary authors and poet |

### 拓展阅读 Extended reading

### 魅力都市

上海,一个令人联想到现代和时尚的城市,我一直向往,向往她的国际魅力,向往她的灯红酒绿。

前些时日,有幸前往,由于是给华东区的新员工培训,工作量不大,又是我一个人出差,终于可以好好欣赏上海了。周五晚上到酒店,本想去看看外滩的夜景,但工作很晚才结束,晚上还要回去准备第二天用的PPT,所以只能过几天再说。周六开了一天的会,晚上一起唱卡拉OK,感受了一下上海人的夜生活。终于等到周日可以好好放松了,冒着38度的高温体验了南京路、外滩和上海城隍庙。

到了南京路才体会人们所说的北京的王府井和上海的南京路很像,所以只是路过,直接去了外滩。外滩是我一直向往的地方,它背靠金融一条街,这条街是世界及国内知名银行和金融交易的中心,建筑极具西方古典风格,它面向上海的标志性建筑——东方明珠，让人联想到世界与财富。据说外滩的夜景很美，可惜这次没时间了，上海是个值得去不止一次的地方。

从外滩到豫园坐车只要十几分钟，但风景却完全不同，豫园是典型的江南古典园林，始建于明代，它那具有古典特色的楼阁和街道，弯弯曲曲的九曲桥，碧绿的湖水，美丽的莲花和年代久远的老树都让我喜欢，好像回到古代。让我感兴趣的还有城隍庙那吃不完的小吃，汁鲜味美的小笼包和风味独特的素鸭。

飞机离开上海的时候，看着下面越来越小的建筑，希望下次有机会还能再来。

一、根据短文内容，判断正误

（　）1. 作者一直很想来上海看看。
（　）2. 作者来上海是为了旅游。
（　）3. 作者打算下次再来欣赏美丽的外滩夜景。
（　）4. 豫园的建筑特点具有西方古典风格。
（　）5. 作者不太喜欢上海的小吃，太甜了。

## 二、根据课文内容，回答问题

1. 作者是在什么季节去上海的？
2. 作者会再来上海吗？为什么？
3. 为什么说上海的建筑既有西方古典风格，又有中国的传统特点？

# 第十九课

## 四合院——老北京的象征

**热点话题  Hot topics**

1. 你听说过"北京四合院"吗？参观过吗？
2. 出门旅游时，你喜欢住传统民居式酒店吗？

**课文  Text**

一说到北京的传统民居建筑，大家<u>自然而然</u>就会想到四合院，在某种程度上它成为了老北京的一种象征，"四合"分开来看，"四"是指东、西、南、北四面，"合"则是四面的房屋围在一起，形成一个"口"字，这反映了它的建筑特点：与外界隔绝，形成一个<u>封闭</u>性的小空间。北京四合院一般坐北朝南，基本<u>布局</u>是北房（正房）、南房和东、西厢房位于北、南、东、西四面，这四面再连上高墙形成四合，在南墙的东角开一个门。正房由长辈居住，晚辈住在厢房，南房是书房或客厅。院中栽花种树，老北京爱种的花有丁香、海棠、山桃花等，树

## 第十九课　四合院——老北京的象征

多是枣树、槐树。除了栽花种树以外，还养鱼养鸟，构成人与自然融洽相处的氛围。整个建筑除了贵族府第可以用琉璃瓦、彩画、朱漆大门外，一般四合院都用青灰色砖瓦，颜色朴素，跟皇家建筑形成鲜明对比。

四合院根据规模的大小，大致可以分为小四合、中四合和大四合三种：小四合院一般是北房三间，东西厢房各两间，南房三间。中四合院比小四合院宽敞，一般是北房五间，东、西厢房各三间，房前有走廊可以避风雨。大四合院习惯上称"大宅门"，房屋可分为五南五北、七南七北，甚至有的还有九间或者十一间大正房。过去中型和小型四合院一般是普通居民的住所，大四合则是府邸、官衙用房。四合院一般是一户一住，但也有多户合住一座四合院的情况。

走进现代化的北京城，人们感兴趣的往往不是高楼大厦、四通八达的马路，而是那弯曲幽深的小小胡同和温馨美丽的四合院，因此，有人称老北京文化为"胡同文化"和"四合院文化"。听说在北京有十大著名的四合院式酒店，喜欢体验四合院文化的朋友千万别错过这个机会。

## 练习　Exercises

**一、快速阅读课文后，完成以下练习**

（一）根据课文内容，选择正确答案

1. 老北京的传统民居建筑是什么？
   A. 石库门　　　　　　　　B. 干栏式小楼
   C. 大宅门　　　　　　　　D. 四合院

2. "北京四合院"的建筑特点是什么？
   A. 所有的房间都是倒座房　B. 所有的房间都是五间正房
   C. 和外面连在一起　　　　D. 通过门和墙与外面的世界分开

3. 在四合院里面，老北京人可以做什么？
   A. 种法国梧桐　　　　　　B. 栽山茶花
   C. 栽丁香花　　　　　　　D. 种椰子树

4. 一般普通人住什么房子？
   A. 小型四合院　　　　　　B. 大型四合院
   C. 大宅门　　　　　　　　D. 官衙的用房

（二）根据课文内容，判断正误

（　）1. 四合院是北京传统建筑的代表。
（　）2. 四合院的建筑特点是朝南建造的。
（　）3. 爷爷和奶奶住厢房，哥哥和弟弟住正房。
（　）4. 小型四合院也有走廊。
（　）5. 一般普通人家的四合院用的是琉璃瓦。

## 第十九课　四合院——老北京的象征

二、精读课文后，完成以下练习

（一）根据课文内容，选择画线词语在文中的意思

1. 一说到北京的传统民居建筑，大家<u>自然而然</u>就会想到四合院。

   A. 想很长时间　　　　　　B. 自然会（想到）

   C. 很难（想到）　　　　　D. 经过提醒才能（想到）

2. 四合院的建筑特点：与外界隔绝，形成一个<u>封闭</u>性的小空间。

   A. 使里面和外面不能相互进来出去

   B. 使里面和外面可以相互进来出去

   C. 把家里的东西放好，看上去整齐

   D. 把家里面的门窗关好，因为天气冷

3. 基本<u>布局</u>是北房、南房和东、西厢房位于南、北、西、东四面。

   A. 放布的地方　　　　　　B. 用布围起来

   C. 结构的安排　　　　　　D. 距离的长短

4. 除了栽花种树以外，还养鱼养鸟，构成人与自然<u>融洽</u>相处的氛围。

   A. 两方面合成一体　　　　B. 彼此感情好

   C. 两方面聚在一起　　　　D. 彼此交流多

5. 人们感兴趣的往往不是高楼大厦、<u>四通八达</u>的马路。

   A. 交通十分方便　　　　　B. 到处都是车辆

   C. 可以到任何地方　　　　D. 可以让许多车辆同时行驶

（二）根据课文内容，选择下列句子的正确解释

1. 一说到北京的传统民居建筑，大家自然而然就会想到四合院。

   A. 四合院的附近可以看到自然生长的花和树。

   B. 四合院是最能代表北京的建筑。

   C. 北京的传统建筑只有四合院。

   D. 人们去北京自然就只会看四合院。

2. 除了栽花种树以外，还养鱼养鸟，构成人与自然融洽相处的氛围。

   A. 四合院里面住着相处融洽的一户人家。

159

B. 四合院里人、花草、鱼鸟等东西都很多。

C. 四合院既是公园又是动物园。

D. 四合院里的人喜欢栽花种树，喜欢大自然。

3. 一般四合院都用青灰色砖瓦，颜色朴素，跟皇家建筑形成鲜明对比。

A. 一般普通人都喜欢青灰色的砖瓦。

B. 皇家也有人喜欢青灰色的砖瓦。

C. 皇家的砖瓦颜色鲜明，普通人不可以用。

D. 普通人不喜欢皇家砖瓦鲜明的颜色。

4. 大四合则是府邸、官衙用房。

A. 大四合院只能工作，不能住人。

B. 大四合院不能给一般的人居住。

C. 没人喜欢住大四合院，因为不融洽。

D. 在官衙工作的人都可以住大四合院。

## 三、泛读课文后，完成以下练习

（一）下面哪一项和作者的观点不同

A. 北京四合院非常有名。

B. 四合院不能很多户人一起住。

C. 四合院分为小、中和大型三种。

D. 四合院的南房一般不住人。

（二）根据课文内容，回答问题

1. 因为城市发展，很多北京人都住进高楼，四合院越来越少了，你觉得这样好吗？

2. 在你的国家也有这样的问题吗？面对这样的问题，你们怎么办？

# 第十九课　四合院——老北京的象征

## 生词　New words

| | | | |
|---|---|---|---|
| 1. | 自然而然 | zìrán ér rán | involuntary；naturally |
| 2. | 围 | wéi | to surround |
| 3. | 隔绝 | géjué | isolated |
| 4. | 封闭 | fēngbì | to close |
| 5. | 布局 | bùjú | layout |
| 6. | 厢房 | xiāngfáng | wing-room |
| 7. | 居住 | jūzhù | to reside |
| 8. | 客厅 | kètīng | sitting room |
| 9. | 栽种 | zāizhòng | to plant |
| 10. | 融洽 | róngqià | harmonious |
| 11. | 朴素 | pǔsù | simplicity |
| 12. | 鲜明 | xiānmíng | bright |
| 13. | 对比 | duìbǐ | contrast |
| 14. | 大致 | dàzhì | roughly |
| 15. | 走廊 | zǒuláng | corridor |
| 16. | 居民 | jūmín | resident |
| 17. | 住所 | zhùsuǒ | habitation |
| 18. | 府邸 | fǔdǐ | mansion |
| 19. | 官衙 | guānyá | government office in feudal China |
| 20. | 四通八达 | sì tōng bā dá | to extend in all directions |

| 21. | 弯曲 | wānqū | curre |
| 22. | 幽深 | yōushēn | deep and serene |
| 23. | 温馨 | wēnxīn | warm |

## 拓展阅读 Extended reading

### 北京的胡同

过去，北京是由千百万大大小小的四合院有序地组成的。为进出方便，每排院落间必须要留出走路的通道，这就是胡同。

元代，北京的胡同较宽，因此后代就在胡同中间的空地上又建四合院，原来出入的大胡同就变小了，这样就在许多有名的大胡同中产生了大量无名的小胡同，于是俗话说："著名的胡同三千六，没名的胡同赛牛毛。"

截至1949年，北京城区有名的街巷有6074条，其中胡同1330条，街274条，巷111条，道85条，里71条，路37条，习惯上人们把这些都算作胡同。

这些大大小小的胡同纵横交错，织成了北京城，胡同深处是无数温暖的家，这就是北京人对胡同有特殊感情的根本原因。

现在，北京胡同文化已经开发出了一项旅游新项目——串胡同。来自四面八方的外国朋友乘坐北京古老的交通工具人力三轮车，过银锭桥到鼓楼，登楼俯看北京旧城区和四通八达的胡同；

## 第十九课　四合院——老北京的象征

然后前往后海地区，参观京城古老的南（北）官房胡同、大（小）金狮胡同、前（后）井胡同，走进普通的四合院，和北京人聊一聊，了解普通北京人的生活；最后沿柳荫街到有"红楼大观园"之称的恭王府，体验旧时王公贵族的居住环境和御花园。

外国朋友在北京的胡同里留连忘返，连声称赞："北京的胡同太美了，太迷人了！"北京的胡同作为北京古老文化的载体，具有一种永恒的魅力。

**一、根据短文内容，判断正误**

（　）1. 胡同和四合院是北京城的象征。
（　）2. 胡同就是人们居住的房子。
（　）3. 北京的胡同自元代以来就很狭窄。
（　）4. 对北京人来说，胡同有着重要的意义。
（　）5. 坐人力三轮车游览大小胡同很受外国游客的欢迎。

**二、根据课文内容，回答问题**

1. 俗话说："著名的胡同三千六，没名的胡同赛牛毛"，是什么意思？
2. 为什么外国人到北京旅游都喜欢去参观胡同和四合院？
3. 为什么说北京是一座既现代又古老的城市？

# 第二十课

## 桂林山水甲天下

**热点话题** Hot topics

1. 人们都说"桂林山水甲天下",你知道是什么意思吗?
2. 你去过桂林吗?桂林让你印象最深的是什么?

**课文** Text

桂林漓江位于广西壮族自治区东北部,<u>历来</u>以"山青、水秀、洞奇"闻名中外,是举世公认的世界第一流风景胜地,也是中国国务院首批<u>公布</u>的国家重点风景名胜区。

桂林漓江风景区是世界上规模最大、风景最美的岩溶山水游览区,千百年来它不知让多少游人陶醉过。桂林漓江风景区以桂林市为中心,北起兴安灵渠,南至阳朔,由漓江相连。

人们到桂林游漓江,主要是从桂林乘船顺水而下至阳朔,这一水程全长83公里。这一带山接山,水连水,青山倒映在碧

## 第二十课 桂林山水甲天下

水里，两岸景色<u>犹如</u>一座五颜六色的画廊。沿途的主要景点有象鼻山、斗鸡山、净瓶山、磨盘山、冠岩、秀山、仙人推磨、画山、黄布倒影、螺蛳山、碧莲峰、书童山等。这里的景色<u>无比</u>秀美，单是那江里的倒影，就别有一番情趣。那水里的山，比岸上的山更清晰；而且因为水的流动，山也仿佛流动起来。在清晨，在中午，在黄昏，山水姿态各异，变化万千，尤其是在春雨的早晨，江面上浮着一层白蒙蒙的雨丝，这时的山水就更具有一种朦胧之美。

画山是漓江中的名山，它面江而立，由于常年风雨侵蚀，岩石轮廓出现许多层次，仿佛石壁上有很多马，游人至此，都会数一数壁上到底有多少匹马。

旅游小贴士：

1. 桂林经常下雨，最好携带雨具；桂林处于风口，注意带件备用衣服，<u>以免</u>着凉；

2. 到桂林建议吃桂林米粉、砂锅等，到阳朔吃啤酒鱼；

3. 要给自己充分的时间，骑车去体验阳朔的风情。

## 注 释

小贴士：音译自英文tips。意为小知识或者作为补充说明，用来提醒人们注意。

## 练习  Exercises

一、快速阅读课文后，完成以下练习

（一）根据课文内容，选择正确答案

1. 桂林在广西的什么位置？
   A. 西北部　　　　　　B. 东南部
   C. 东北部　　　　　　D. 中南部

2. 阳朔位于桂林风景区的什么位置？
   A. 北部　　　　　　　B. 中部
   C. 西部　　　　　　　D. 南部

3. 下面哪一个不是桂林的小吃？
   A. 砂锅　　　　　　　B. 汤圆
   C. 米粉　　　　　　　D. 啤酒鱼

4. 为了好好体验阳朔，你最好利用什么交通工具？
   A. 坐船　　　　　　　B. 坐公交车
   C. 坐火车　　　　　　D. 骑自行车

（二）根据课文内容，判断正误

（　）1. 桂林是中国国家级旅游风景区之一。

（　）2. 很多人来过桂林，并很喜欢它的山水。

（　）3. 桂林的山都在漓江的水下面。

（　）4. 有很多匹马在漓江的画山上。

（　）5. 桂林雨天较多，风也较大。

## 第二十课　桂林山水甲天下

二、精读课文后，完成以下练习

（一）根据课文内容，选择画线词语在文中的意思

1. （桂林）<u>历来</u>以"山青、水秀、洞奇"闻名中外。
    A. 历史　　　　　　　　B. 现在
    C. 一向　　　　　　　　D. 将来

2. 桂林是中国国务院首批<u>公布</u>的国家重点风景名胜区。
    A. 使大家都知道　　　　B. 告诉相关的人
    C. 向大家报告　　　　　D. 通知部分人

3. 两岸景色<u>犹如</u>一座五颜六色的画廊。
    A. 如果　　　　　　　　B. 仿佛
    C. 就是　　　　　　　　D. 只有

4. 这里的景色<u>无比</u>秀美。
    A. 可与别的东西相比较　B. 不能跟别的东西相比
    C. 没有跟别的东西比较　D. 没有别的东西能够相比

5. 注意带件备用衣服，<u>以免</u>着凉。
    A. 为了避免　　　　　　B. 可以免除
    C. 肯定不会　　　　　　D. 以后可能

（二）根据课文内容，选择下列句子的正确解释

1. （桂林）是举世公认的世界第一流风景胜地。
    A. 无论是国内还是国外，大家都认为桂林非常好。
    B. 只有中国人觉得桂林是最美的景点。
    C. 许多外国人也去过桂林，他们觉得桂林还可以。
    D. 因为桂林很美，所以中国人都去过。

2. 两岸景色犹如一座五颜六色的画廊。
    A. 在漓江的两岸都有一座美丽的画廊。
    B. 漓江两岸的景色很美，就像在画廊里的一幅幅画。
    C. 在漓江的岸边有一座叫"五颜六色"的画廊，很有名。

D. 有各种各样的不同颜色的画廊在漓江两岸。

3. 山水姿态各异，变化万千。

   A. 山的样子都是一样的，但它们在水中的倒影却各不相同。
   B. 漓江的山、水没有一个样子是相同的，都是独一无二的。
   C. 山和水的样子经常变化，不同的时间看上去都不一样。
   D. 山的样子都不一样，所以它们在水中的倒影也就不一样。

4. 要给自己充分的时间，骑车去体验阳朔的风情。

   A. 阳朔很大，走路游玩很累，所以应该骑车。
   B. 骑车游阳朔花费的时间太多了。
   C. 阳朔的街道很窄，只能骑车。
   D. 阳朔很适合花很多时间，慢慢地骑车游玩。

### 三、泛读课文后，完成以下练习

（一）下面哪一项不是作者的观点

   A. 桂林不但山美水也很美。
   B. 每年都有很多外国人去桂林旅游。
   C. 桂林的小吃也很不错。
   D. 骑车游桂林花费的时间太多，不太好。

（二）根据课文内容，回答问题

   1. 你认为人们为什么会喜欢桂林？
   2. 为了桂林更好的发展，你有什么好的建议？

## 生词　New words

1. 历来　　　　　lìlái　　　　　　　of all time

## 第二十课 桂林山水甲天下

| | | | |
|---|---|---|---|
| 2. | 公布 | gōngbù | to make public |
| 3. | 岩溶 | yánróng | karst |
| 4. | 规模 | guīmó | scale |
| 5. | 游人 | yóurén | tourist |
| 6. | 陶醉 | táozuì | to revel in |
| 7. | 倒映 | dàoyìng | reflection |
| 8. | 犹如 | yóurú | like |
| 9. | 五颜六色 | wǔ yán liù sè | colourful |
| 10. | 沿途 | yántú | along the way |
| 11. | 无比 | wúbǐ | matchless |
| 12. | 倒影 | dàoyǐng | inverted image; inverted reflection in water |
| 13. | 清晰 | qīngxī | clear |
| 14. | 仿佛 | fǎngfú | as though |
| 15. | 流动 | liúdòng | to flow |
| 16. | 清晨 | qīngchén | early morning |
| 17. | 朦胧 | ménglóng | dim |
| 18. | 侵蚀 | qīnshí | to corrode |
| 19. | 轮廓 | lúnkuò | outline |
| 20. | 层次 | céngcì | phase; level |
| 21. | 壁 | bì | wall |
| 22. | 以免 | yǐmiǎn | so as not to |

## 专名　Proper nouns

1. 漓江　　　Lí Jiāng　　　　the Lijiang River (*in Guangxi*)
2. 广西　　　Guǎngxī　　　　name of a province in China
3. 壮族　　　ZhuàngZú　　　 the Zhuang nationality
4. 阳朔　　　Yángshuò　　　 name of a county in Guangxi province

## 拓展阅读　Extended reading

### 三亚归来不看海

头一次去三亚，随着旅游团走马观花。这一次再去三亚，与妻组成"自由团"，以一张三亚地图作为"导游"，慢慢游三亚。三亚是一座小城，看了几眼地图也就都记住了，而且这里的出租车起步价不过五元，爱到哪里就到哪里，一天工夫就转遍了三亚各个角落，其中我最喜欢的去处，便是三亚湾。

三亚湾位于市区的西面，紧邻南海，三亚湾长达二十公里，沿途是无穷无尽的椰林，无边无际的大海，在地毯般柔软的沙滩上漫步，在椰林下呼吸着来自海洋的潮润空气，细细地、静静地欣赏着。

在三亚，可以从鹿回头公园那高耸的山顶上观看日出海面的第一缕阳光,可惜那时候公园尚未开门,无法登山;在南岛、亚龙湾也可以看到日落,但是那里离市区远,要摸黑才能返回。正因为这样,方位好而又坐落在市区的三亚湾,成为三亚观赏日落的最佳所在。只要是晴明之日,天天都可在三亚湾看到日落。然而,我却偶然遭遇不平常的一幕:一个晴朗的下午,我登上海滨新楼最高的第二十九层,那里的阳台是看海景的绝好位置,整个三亚湾都可以看到。突然,白云变乌云,小风变大风,一场大雨下起来了。这时,碧蓝的海湾变成了一幅灰黑色的水墨画。不过三亚的雨来得快去得也快,说下就下,说停就停。很快,风停雨收,阳光出来,一道美丽的彩虹挂在三亚湾。我赶紧拿出数码相机,拍下这难得一见的三亚湾之虹,就在这时,"三亚归来不看海"这一佳句闪过了我的脑海。

练习　Exercises

## 一、根据短文内容,判断正误

(　)1. 作者去三亚只去过一次。

(　)2. 作者每次去三亚都是和旅行团一起去的。

(　)3. 三亚并不是一个很大的城市。

(　)4. 三亚湾有椰树、沙滩和大海。

(　)5. 在三亚看日落最好的地方是亚龙湾。

## 二、根据课文内容，回答问题

1. 作者觉得三亚出租车的价格贵吗？
2. 作者会再去三亚吗？
3. 你觉得三亚最大的特点是什么？

 **阅读小技巧**  Reading skills

### 略读的技巧

略读是一种重要的选择性阅读方法。它是以快速阅读方法读完材料，抓住关键词，了解文章大意，把握作者的表述观点。当我们想要查找有关资料（时间、地点、人名、数字等）或了解全文的大意时，我们不必仔细阅读文章的每一行每一个字，进行针对性的略读就可以了。

在做阅读练习时的具体做法是：先不要急于读文章，要先看问题，把问题大体地浏览一遍并把关键词找出来。然后再阅读文章，根据问题搜索题目在文章中的对应点。略读时注意不要在生词处停留，不要注意与问题无关的句子和段落，要学会把与问题无关的东西全部忽略，只要能回答所有的问题就可以了。

# 第二十一课

# 网络购物

1. 你平时会去哪些地方买东西？
2. 你有网络购物的经历吗？购买什么样的商品你会选择网络购物？

随着互联网在中国的迅速发展，网络购物在中国也越来越流行。中国很多网民都有过网络购物的经历，并且把网络购物当成了生活中的一部分。如果要和朋友聚会，可以选择网上订餐；如果要买书，现在有很多网络书店，可以选择最便宜的；如果打算旅行，可以选择在网上预订机票和酒店，没准儿还有优惠。现在越来越多的人选择在网上购买衣服、化妆品甚至手机、电脑等数码产品。

网络购物之所以会有如此大的吸引力，主要是由于网络购物让购物变得十分方便。人们只需要登录不同的网站，<u>足不出户</u>就可以在很短的时间内买到自己需要的商品，然后只要等着商品送上门就可以了。其次，网络商店中的商品种类很多，还可以买到世界各地的商品。网络购物也没有时间限制，<u>随时</u>都可以挑选商品。此外，网上商品的价格也比较便宜。

而网络购物也有许多不足，最大的不足之处就是信誉问题。据调查，48.4%的网民认为网络购物存在的最大问题是商品质量没有保障。还有些网民担心商品信息不准确、付款不方便、不能<u>如期</u>拿到商品等等。此外，传统购物一般是选好商品后就可以<u>直</u>接付钱拿走，而网络购物在订货后需要等待一段时间才能拿到商品。如果需要的东西很急，就不适合选择网络购物了。

因此，网络购物时最好选择有名的购物网站和信誉好的网上商店。选择商品时，一定要充分了解商品的信息。购物结束后要留好购物凭证，还可以要求卖家提供发票，因为有些商品是需要发票才可以进行保修的。如果需要购买急需的商品或<u>昂贵</u>的商品时，建议还是去商场购买。

# 第二十一课　网络购物

**练　习**　　Exercises

## 一、快速阅读课文后，完成以下练习

（一）根据课文内容，选择正确答案

1. 网络购物有很大的吸引力，主要的原因是什么？
   A. 商品很便宜　　　　　　B. 付款很快捷
   C. 商品种类多　　　　　　D. 购物很方便

2. 网络购物有许多不足，但不包括以下哪一项？
   A. 购物没有时间限制　　　B. 商品质量没有保障
   C. 付款不方便　　　　　　D. 不能如期拿到商品

3. 网络购物时最好选择什么？
   A. 商品种类多的商店　　　B. 价格最便宜的商店
   C. 信誉好的商店　　　　　D. 没有名的商店

4. 哪些商品不适合在网上购买？
   A. 急需的商品　　　　　　B. 数码产品
   C. 化妆品　　　　　　　　D. 服装产品

（二）根据课文内容，判断正误

（　）1. 网络购物在中国一直很流行。

（　）2. 中国所有网民都有过网络购物的经历。

（　）3. 现在网上有许多网络书店。

（　）4. 网络购物需要用很多时间。

（　）5. 网络购物时一定要了解清楚商品的信息。

## 二、精读课文后，完成以下练习

**（一）根据课文内容，选择画线词语在文中的意思**

1. 可以选择在网上预订机票和酒店，<u>没准儿</u>还有优惠。
   A. 说不定　　　　　　　　B. 可以
   C. 不可能　　　　　　　　D. 一定

2. <u>足不出户</u>就可以在很短的时间内买到自己需要的商品。
   A. 不付钱　　　　　　　　B. 什么也不用做
   C. 不出门　　　　　　　　D. 不用时间

3. 网络购物没有时间限制，<u>随时</u>都可以挑选商品。
   A. 商店营业的时候　　　　B. 无论什么时候
   C. 休息的时候　　　　　　D. 工作的时候

4. 有些网民担心商品信息不准确、付款不方便、不能<u>如期</u>拿到商品等等。
   A. 准时　　　　　　　　　B. 马上
   C. 提前　　　　　　　　　D. 晚几天

5. 如果需要购买急需的商品或<u>昂贵</u>的商品时，建议还是去商场购买。
   A. 很难买到的　　　　　　B. 马上要用的
   C. 非常贵的　　　　　　　D. 非常重要的

**（二）根据课文内容，选择下列句子的正确解释**

1. 现在越来越多的人选择在网上购买衣服、化妆品甚至手机、电脑等数码产品。
   A. 现在很多人在网上买衣服、化妆品和数码产品等。
   B. 网络商店只有衣服、化妆品、手机和电脑。
   C. 现在所有的人都会在网上买衣服、化妆品等。
   D. 现在越来越多的人在网上买手机、电脑，而不是衣服和化妆品。

2. 据调查，48.4%的网民认为网络购物存在的最大问题是商品质量没有保障。
   A. 所有网民都认为商品质量没保障是网络购物的最大问题。
   B. 接近一半的网民认为网络购物存在的最大问题是商品质量没有保障。
   C. 接近一半的网民认为网络购物只存在商品质量没有保障这个问题。

## 第二十一课　网络购物

D. 超过一半的网民认为网络购物不存在商品质量没有保障的问题。

3. 如果需要的东西很急，就不适合选择网络购物了。
    A. 无论是不是买急需的东西都不要选择网络购物。
    B. 网络购物适合买所有的东西。
    C. 购买急需的商品时最好选择网络购物。
    D. 网络购物不适合买急需的东西。

4. 有些商品是需要发票才可以进行保修的。
    A. 所有的商品都需要发票才能保修。
    B. 一些商品没有发票是不能保修的。
    C. 网上购买的商品保修都需要发票。
    D. 网上购买的商品没有发票也可以保修。

### 三、泛读课文后，完成以下练习

（一）下面哪一项和作者的观点不同
    A. 网络购物有优点也有不足。
    B. 网络购物和传统购物没什么不同。
    C. 网络购物时要留好购物凭证。
    D. 昂贵的商品最好去商场购买。

（二）根据课文内容，回答问题
    1. 网络购物有哪些优点？
    2. 在网上购物时要注意些什么？
    3. 购买哪些商品时你会选择网络购物？

生词　New words

1. 网络　　　　　wǎngluò　　　　　network

| | | | |
|---|---|---|---|
| 2. | 购物 | gòu wù | shopping |
| 3. | 网民 | wǎngmín | netizen |
| 4. | 经历 | jīnglì | experience |
| 5. | 没准儿 | méi zhǔnr | maybe; perhaps |
| 6. | 数码产品 | shùmǎ chǎnpǐn | digital products |
| 7. | 登录 | dēnglù | login |
| 8. | 网站 | wǎngzhàn | sites |
| 9. | 足不出户 | zú bù chū hù | staying at home |
| 10. | 种类 | zhǒnglèi | kind; variety |
| 11. | 限制 | xiànzhì | to limit |
| 12. | 随时 | suíshí | at any time |
| 13. | 挑选 | tiāoxuǎn | to choose; to select |
| 14. | 不足 | bùzú | shortage |
| 15. | 信誉 | xìnyù | prestige; reputation |
| 16. | 如期 | rúqī | on schedule |
| 17. | 凭证 | píngzhèng | proof; evidence |
| 18. | 提供 | tígōng | to provide; to supply |
| 19. | 发票 | fāpiào | receipt |
| 20. | 保修 | bǎoxiū | guarantee repair service for a commodity sold |
| 21. | 昂贵 | ángguì | expensive; costly |

# 第二十一课　网络购物

拓展阅读　Extended reading

## 网络让学习更便捷

随着网络的快速发展，人们越来越多地享受到互联网所带来的便捷和高速。据调查，全球每年有超过7000万人次通过互联网接受教育，一种网络在线学习方式正在全世界流行起来。

目前，中国网民人数已经超过1亿，其中有大约1500万人经常使用网络教育，占网民总数的12%。很多人通过网络学习来提高自己的学历，这种新的学习方式经过几年的发展，已经在社会中得到了广泛应用，并成为在职人员学习的主要方式。对于需要工作的在职人员来说，没有足够的时间和精力去学校学习，而网络教育正好解决了这个难题。人们可以根据自己的情况自主选择学习内容、学习时间和学习进度。

现在还出现了网络大学，这些网络大学为学习者搭建了全天候的网络学习平台。学生如果在学习中有什么疑问还可以随时通过网络与老师交流，及时地解决学习中遇到的困难。此外，学校还在网上建设了各种学习论坛，学生可以通过论坛交流学习经验，分享学习资源。

随着时代的进步和网络信息时代的到来，人们接受教育的方式也发生了很大的变化。网络大学开始发展起来并逐渐获得了人们的认可。同时,由于信息技术的快速发展对中青年学生的生活、工作及学习习惯都产生了很大的影响,网络教育逐渐成为人们终身学习的重要手段。

## 一、根据短文内容,判断正误

(　) 1. 中国每年有超过7000万人次通过互联网接受教育。
(　) 2. 中国有12%的网民经常使用网络教育。
(　) 3. 网络学习是在职人员学习的主要方式。
(　) 4. 网络大学为老师们搭建了全天候的网络学习平台。
(　) 5. 师生们可以通过学习论坛交流学习经验。

## 二、根据课文内容,回答问题

1. 网络学习有哪些优点?
2. 信息技术的发展对中青年学生产生了哪些影响?
3. 你有没有通过网络学习汉语的经历?

# 第二十二课　考证族

1. 你考过哪些证书？还准备考什么证书？
2. 你认为找工作需要哪些证书？

　　为了找到更满意的工作，为了找工作的时候有更多的选择，为了不断加强自己的能力，人们对考证的热情似乎一直都没有冷却过。

　　有的人对自己的工作不满意，在业余时间努力学习，考律师证书、会计证书等。有的人有不错的工作，但业余时间仍然在自学、考证书，学习其他技能，这样如果有一天失业了也可以马上找到新的工作。有人这样评价"考证<u>族</u>"：他们希望用考证的方式改变生活，这说明他们对未来充满理想，希望能在竞争中获得更多的机会；这也<u>意味</u>着他们必须放弃轻松的生活，别人在休息的时候他们仍然在学习。这种靠自己的努力去创造新生活的勇气让人十分<u>佩服</u>。

现在，越来越多的大学生正加入"考证族"的行列，并成为"考证族"的<u>主力军</u>。外语证书、计算机证书，大学生们样样都不放过。这一方面反映了大学生希望通过考证书来检查自己的学习成果，同时也希望通过考试这样的一种方式促使自己更努力地学习。而另一方面，由于找工作<u>竞争</u>激烈，大学生希望通过考证的方式提高自己的竞争力，使自己能够找到一份满意的工作。

但是如果<u>盲目</u>地考证，对"考证族"来说也是没有好处的。比如很多大学生为了获得各类证书，不但花了大量的金钱和时间，还影响了自己专业课的学习。因此，专家建议"考证族"应该先为自己做一份工作计划，选择适合自己发展的工作，然后有针对性地去考需要的证书。而比考证更重要的是专业知识的学习、个人能力的培养和实际工作能力的提高。如果没有专业知识和工作能力，证书再多也是没有用的。

## 第二十二课　考证族

### 练习　Exercises

**一、快速阅读课文后，完成以下练习**

（一）根据课文内容，选择正确答案

1. 人们考证是为了什么？
   A. 丰富自己的业余生活　　　B. 成为"考证族"
   C. 找到一份好工作　　　　　D. 交朋友

2. 关于人们对"考证族"的评价，下面哪一项是不正确的？
   A. 对未来充满理想　　　　　B. 希望能在竞争中获得更多的机会
   C. 有努力创造新生活的勇气　D. 可以轻松地生活

3. 专家对"考证族"有什么建议？
   A. 所有的证书都去考　　　　B. 根据工作的需要考证
   C. 什么证书也不用考　　　　D. 证书越多越好

4. 关于大学生"考证族"，下面哪一项是正确的？
   A. 有的大学生花了大量的金钱和时间去考证
   B. 有了各种证书一失业就能马上找到新工作
   C. 参加考证就可以不用学习专业知识
   D. 大学生"考证族"正越来越少

（二）根据课文内容，判断正误

（　）1. "考证族"都是没有工作的人。

（　）2. 大学生希望通过考证使自己更加努力地学习。

（　）3. 很多大学生考证没有针对性。

（　）4. 如果做一份工作计划，找工作很容易。

（　）5. 证书比专业知识的学习更重要。

## 二、精读课文后，完成以下练习

（一）根据课文内容，选择画线词语在文中的意思

1. 有人这样评价"考证<u>族</u>"。
   A. 同一个民族           B. 有相同特点的一类人
   C. 同一范围的人们       D. 同一个地方的一群人

2. 这也<u>意味着</u>他们必须放弃轻松的生活。
   A. 表示                 B. 因为
   C. 意思                 D. 可能

3. 这种靠自己的努力去创造新生活的勇气让人十分<u>佩服</u>。
   A. 惊讶赞叹             B. 佩戴服从
   C. 尊敬服气             D. 称赞能干

4. 越来越多的大学生成为"考证族"的<u>主力军</u>。
   A. 主要的力量           B. 主要的军队
   C. 作战的主力           D. 决定的作用

5. 由于找工作<u>竞争</u>激烈，大学生希望通过考证的方式提高自己的竞争力。
   A. 努力实现理想         B. 争取利益
   C. 努力胜过别人         D. 互相比赛

6. 如果<u>盲目</u>地考证，对"考证族"来说也是没有好处的。
   A. 眼睛看不见           B. 不知道怎么办
   C. 没有希望的           D. 没有目标的

（二）根据课文内容，选择下列句子的正确解释

1. 人们对考证的热情似乎一直都没有冷却过。
   A. 考证是这几年才开始流行的。
   B. 以前考证很流行，现在不流行了。
   C. 考证的人心情越来越冷下来了。
   D. 无论是以前还是现在考证一直很流行。

2. 这样如果有一天失业了也可以马上找到新的工作。"这样"是指：
   A. 学习其他技能         B. 考律师证书

## 第二十二课 考证族

   C. 读大学            D. 找工作

3. 越来越多的大学生正加入"考证族"的行列,并成为"考证族"的主力军。

   A. 加入"考证族"的行列的都是大学生。

   B. "考证族"中大部分都是大学生。

   C. "考证族"都是大学生。

   D. "考证族"中只有小部分人是大学生。

4. 如果没有专业知识和工作能力,证书再多也是没有用的。

   A. 找工作时证书比专业知识和工作能力重要。

   B. 只要有证书就可以找到好工作。

   C. 找工作时专业知识和工作能力比证书重要。

   D. 找工作时不需要专业知识、工作能力和证书。

## 三、泛读课文后,完成以下练习

(一)下面哪一项和作者的观点不同

   A. 有的人考证是为了找更好的工作。

   B. "考证族"都是学生。

   C. "考证族"必须放弃轻松的生活。

   D. "考证族"不应盲目考证。

(二)根据课文内容,回答问题

1. 大学生们成为"考证族"的原因有哪些?

2. 盲目考证会有哪些坏处?

3. 写一份自己的工作计划,并想一想可能需要哪些证书。

## 生词  New words

| | | | |
|---|---|---|---|
| 1. | 族 | zú | a class of things with common features |
| 2. | 加强 | jiāqiáng | to strengthen |
| 3. | 冷却 | lěngquè | to cool off |
| 4. | 业余 | yèyú | sparetime |
| 5. | 律师 | lǜshī | lawyer |
| 6. | 证书 | zhèngshū | certificate |
| 7. | 会计 | kuàijì | accountant |
| 8. | 技能 | jìnéng | technical ability; skill |
| 9. | 评价 | píngjià | to evaluate; to assess |
| 10. | 竞争 | jìngzhēng | to compete；competition |
| 11. | 意味着 | yìwèizhe | to mean |
| 12. | 放弃 | fàngqì | to give up |
| 13. | 靠 | kào | to lean against |
| 14. | 佩服 | pèifu | to admire |
| 15. | 行列 | hángliè | procession |
| 16. | 主力军 | zhǔlìjūn | main force |
| 17. | 反映 | fǎnyìng | to reflect |
| 18. | 成果 | chéngguǒ | achievement |
| 19. | 促使 | cùshǐ | to spur |

| | | | |
|---|---|---|---|
| 20. | 激烈 | jīliè | intense; sharp |
| 21. | 盲目 | mángmù | aimless |
| 22. | 针对性 | zhēnduìxìng | pertinence |
| 23. | 培养 | péiyǎng | to train; to bring up |

## 拓展阅读　Extended reading

### "中学生留学"热

中学生出国留学，在中国很多大城市特别是沿海地区形成一股热潮。每年高考以后，便是一个留学高峰期。十八九岁的高中毕业生，已经成为这几年人数增长最快的留学人群，而且出国留学的学生年龄越来越小。据调查，18岁以下的小留学生数量已经占到中国留学生总人数的一半以上。

这几年来，出国留学的人数大幅度增长。20世纪80年代，人们出国留学大多是去读硕士、博士学位的；90年代初，高中毕业生开始到国外去读本科；从90年代中期开始，渐渐出现了中学生甚至小学生出国留学的现象，甚至一些只有几岁的小孩子也被送到国外读幼儿园。

虽然教育专家认为义务教育阶段的学生不适合出国留学，但这股"中学生留学"的热潮并没有因此而减退。那么父母为什么舍得把十几岁的孩子送到国外一个人学习生活呢？其中最大的原因是中西教育体系的不同。在中国，一年只有一次机会考大学，考不上就要等下一年。因此，孩子学习十几年的目标只有一个，就是为了高考获得好成绩，只有这样才能进入一个好大学。而国外的教育体系则不同。比如在美国一年有七次高考机会，而且高考成绩只占总成绩的50%左右，还有50%是学生的平时成绩、实践表现等。这样学生的压力会比较小，也更容易获得进入优秀大学学习的机会。

## 练习 Exercises

### 一、根据短文内容，判断正误

（ ）1. 中国出国留学的学生年龄越来越小。
（ ）2. 18岁以下的留学生数量不到中国留学生总人数的一半。
（ ）3. 20世纪80年代人们出国留学大多读本科。
（ ）4. 教育专家认为大学生不适合出国留学。
（ ）5. 中国学生的压力比较大。

### 二、根据课文内容，回答问题

1. 在中国，每年什么时候是留学高峰期？
2. 从20世纪80年代到90年代，中国的留学生有哪些变化？
3. 中西教育体系有哪些不同？

# 第二十三课　用生命书写母爱

## 热点话题　Hot topics

1. 你爱你的母亲吗？你有没有亲口对她表达过你的爱意？
2. 你觉得作为子女应该做些什么或怎么做才是对母亲最好的回报？

## 课文　Text

世界上的爱有很多种，朋友之间的爱，亲人之间的爱，夫妻之间的爱。但是，天地间最伟大的、能以付出生命为代价的爱是母爱。

有这样一则故事：

有一年冬天，喜爱运动的母女，一同来到一个很有名的雪山滑雪。她们一会儿在山坡玩耍，一会儿冲向山顶。她们忘记了时间，忘记了疲劳。

然而这时，死亡已悄悄靠近了她们。只听"轰隆"一声巨大的声音，可怕的雪崩发生了。幸运的是，她们离雪崩发生地比较远。望着被雪填平的山坡，母亲马上意识到事情的严重，她紧紧抱住十分害怕的女儿。

天渐渐暗了下来，死亡一步一步向她们走来。母亲知道，虽然山下的人会采取积极的措施，但黑暗会给营救工作带来极大的困难。营救的飞机不止一次的从她们上方飞过，她们也在用力的叫喊，但始终没有被发现。

挣扎了一夜的母女终于盼来天亮。可她们的体力已到了生命的边缘。飞机又一次飞过，还是没有发现她们。飞机飞过了一次又一次……终于发现了！发现了雪地上的红色印子。这红色的印子是跳动着的生命的希望。

当营救队员来到母女面前的时候，惊呆了。女儿穿着两件羽绒服，在她身边不远处，是鲜血已经凝固在手指的、努力向女儿爬去的、已经死亡了的母亲。那生命的希望是母亲用自己的鲜血点燃的。

这就是母亲。面对突如其来的雪崩，母亲没有害怕，一直安慰着女儿；需要付出的时候，无私奉献的是母亲；面对天寒地冻，母亲把自己的羽绒服留给了女儿；为了能让营救的飞机找到她们，母亲割破自己的手指，用鲜血为飞机导航。

这就是母爱——用生命书写的爱！

## 第二十三课　用生命书写母爱

**练习　Exercises**

一、快速阅读课文后，完成以下练习

（一）根据课文内容，选择正确答案

1. 下列哪一种感情作者没有提到？
   A. 亲情　　　　　　　　B. 友情
   C. 交情　　　　　　　　D. 爱情

2. 这对母女遇到的灾难是什么？
   A. 雪灾　　　　　　　　B. 雪崩
   C. 洪水　　　　　　　　D. 台风

3. 营救这对母女的交通工具是什么？
   A. 雪地车救援　　　　　B. 飞机救援
   C. 人工救援　　　　　　D. 搜救犬

4. 下列哪一项自救措施文中没有提到？
   A. 大声呼救
   B. 母亲把自己的衣服给孩子穿
   C. 母亲用自己的鲜血引导营救人员
   D. 母女俩自己想办法下山找救助人员

（二）根据课文内容，判断正误

（　）1. 这对母女很喜欢滑雪运动。

（　）2. 她们被压在发生雪崩的大雪下面。

（　）3. 营救工作进行得很困难。

（　）4. 母亲用自己的鲜血引导飞机营救她们。

（　）5. 最终母亲和女儿都得救了。

二、精读课文后，完成以下练习

（一）根据课文内容，选择画线词语在文中的意思

1. 天地间最伟大的、能以付出生命为代价的爱是母爱。

   A. 用功能相同的东西代替原来的东西
   B. 为得到某种东西而付出钱财
   C. 代替别人而做某些事情
   D. 为实现某个目标而付出精力

2. 虽然山下的人会采取积极的措施，但黑暗会给营救工作带来极大的困难。

   A. 计划办理　　　　　　B. 处理办法
   C. 行为动作　　　　　　D. 安排处置

3. 她们的体力已到了生命的边缘。

   A. 地平线的一边　　　　B. 某个物体的边界
   C. 面临死亡的界限　　　D. 离中心很远的地方

4. 在她身边不远处，是鲜血已经凝固在手指的、努力向女儿爬去的、已经死亡了的母亲。

   A. 聚集在一起　　　　　B. 从动到静的样子
   C. 固执不变　　　　　　D. 从液体变成固体

5. 需要付出的时候，无私奉献的是母亲。

   A. 无条件地付出　　　　B. 奉送给长辈
   C. 恭敬地献出　　　　　D. 赠送给他人

6. 为了能让营救的飞机找到她们，母亲割破自己的手指，用鲜血为飞机导航。

   A. 引导航行的方向　　　B. 飞机飞行的路线
   C. 交通工具的路线　　　D. 指导航行的方法

（二）根据课文内容，选择下列句子的正确解释

1. 天地间最伟大的、能以付出生命为代价的爱是母爱。

   A. 母爱是伟大的，为了孩子母亲甚至愿意牺牲自己的生命。
   B. 母爱要成为最伟大的爱就必须要以生命为代价。

C. 父爱或者其他的感情都无法做到牺牲自己的生命。

D. 父爱或其他的感情即使付出生命也无法成为最伟大的爱。

2. 她们的体力已到了生命的边缘。

　　A. 母女俩被逼到雪山的边缘随时都有生命危险。

　　B. 母女俩被逼到身体的边缘随时都有生命危险。

　　C. 母女俩的体力已无法支撑她们留在雪山边缘。

　　D. 母女俩的体力已无法支撑她们活下去。

3. 这红色的印子是跳动着的生命的希望。

　　A. 红色印子在雪崩时象征跳动的急救信号。

　　B. 会跳动的红色印子在雪崩时代表急救信号。

　　C. 鲜血的红色引导飞机救援，带来生的希望。

　　D. 看到红色的鲜血就好像看到了生命的希望。

4. 需要付出的时候，无私奉献的是母亲。

　　A. 母亲可以为了孩子奉献出自己的一切。

　　B. 母亲在需要为孩子付出的时候才愿意无私奉献。

　　C. 除了母亲之外任何人都无法做到奉献一切。

　　D. 除了母亲之外任何人都无法做到为孩子无私奉献。

## 三、泛读课文后，完成以下练习

（一）下面哪一项和作者的观点不同

　　A. 母爱是最伟大的一种爱。

　　B. 当危险来临时母亲会牺牲一切甚至生命来保护孩子。

　　C. 营救飞机因听到了母女的呼救声而发现了她们。

　　D. 永远为孩子无私奉献的就是伟大的母亲。

（二）根据课文内容，回答问题

　　1. 这对母女滑雪时遇到了什么状况？

　　2. 在雪山上等待的过程中母亲为了救女儿做了哪些事情？

3. 请谈谈你对母爱的看法。

## 生词　New words

| | | | |
|---|---|---|---|
| 1. | 付出 | fùchū | to pay；to give |
| 2. | 代价 | dàijià | cost |
| 3. | 玩耍 | wánshuǎ | to play |
| 4. | 疲劳 | píláo | tired |
| 5. | 死亡 | sǐwáng | death |
| 6. | 雪崩 | xuěbēng | snowslide |
| 7. | 采取 | cǎiqǔ | to select and adopt |
| 8. | 措施 | cuòshī | measures |
| 9. | 营救 | yíngjiù | to rescue |
| 10. | 叫喊 | jiàohǎn | to yell；to cry |
| 11. | 挣扎 | zhēngzhá | to struggle |
| 12. | 盼 | pàn | to long for |
| 13. | 边缘 | biānyuán | the edge |
| 14. | 印子 | yìnzi | mark |
| 15. | 凝固 | nínggù | to solidify |
| 16. | 点燃 | diǎnrán | to ignite；to light(a fire) |
| 17. | 突如其来 | tū rú qí lái | to arise suddenly |
| 18. | 奉献 | fèngxiàn | to offer as a tribute |

| 19. 天寒地冻 | tiān hán dì dòng | big freeze |
| 20. 羽绒服 | yǔróngfú | down garments |
| 21. 导航 | dǎoháng | to guide |

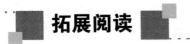 

## 感恩的心

学校举行的第一次教师家长见面会，小男孩请他的妈妈参加。令他失望的是，母亲答应要去。这是同学和老师与他母亲的第一次见面，他为母亲的容貌感到羞耻。尽管她很美，但一块明显的伤疤几乎覆盖了她的整个右脸。小男孩从不想谈论母亲的那块疤是怎么来的。

会上，尽管母亲脸上有那块疤痕，但她的善良和自然的美丽让大家难以忘怀。而小男孩还是觉得很难看，自己躲在大家的后面。不过，他能听到老师和母亲的对话。

老师小心地问道："您脸上的疤是怎么留下的？"

母亲回答说："儿子小的时候，房子着火了，他还在屋里。火烧得很猛，没人敢进去，所以我就冲了进去。向他的床跑去时，我看到一块长木板掉了下来，为了保护他，我扑在他身上。我被砸得不省人事，不过幸运的是，有位消防队员进来，救了我们母子两个。"她抚摸着被烧伤的那半边脸说："这块疤痕永远不会消失，但直至今天，我也从来没有后悔那样做。"

听到这里，小男孩泪流满面地向母亲跑去。他紧紧地拥抱着她，感觉到妈妈为他做出的巨大的牺牲。那天余下的时间里，他都一直牢牢地握着妈妈的手。

这位母亲，世界上最伟大的人，为了孩子，可以付出自己的全部，包括生命。可是我们每个人是否想过母亲为我们的无私奉献，我们是不是仍然无视母亲的感受。仔细地想一想母亲为我们的付出，我们回报了多少？

练习 Exercises

**一、快速阅读课文后，完成以下练习**

（ ）1. 小男孩很高兴母亲愿意参加家长会。
（ ）2. 母亲是一位善良而又勇敢的女性。
（ ）3. 大家因为这位母亲脸上有疤痕都很不喜欢她。
（ ）4. 母亲的疤痕是为了救儿子留下的。
（ ）5. 小男孩听了母亲的故事之后深受感动。

**二、精读课文后，完成以下练习**

1. 母亲答应参加家长会，为什么小男孩觉得不高兴？
2. 母亲脸上的疤痕是怎么留下的？
3. 小男孩听到母亲的故事之后还觉得母亲的疤痕难看吗？他是什么心情？

# 第二十四课

# 大学生兼职的利与弊

## 热点话题 Hot topics

1. 你读大学的时候,有没有做过兼职?
2. 你认为大学的时候做兼职,有哪些好处?又有哪些问题?

## 课文 Text

　　大学生做兼职有利有弊。大学生做兼职的好处,我们觉得有三点:一是有利于培养大学生的劳动能力。中国大学生的教育模式是重理论轻技能,所以做兼职在一定程度上对大学生将来面对社会有好处;二是有利于扩展大学生对社会的认识。由于大学生受教育的场所主要在学校,从而造成大学生对社会认识不够。离开学校到社会工作,使得大学生难以适应,以致不能<u>胜任</u>工作要求,所以大学生兼职也有利于为将来的工作做<u>铺垫</u>;三是有利于大学生对于劳动的认识,理解父母劳动的辛勤,一定程度上减少浪费的现象。

当然，大学生做兼职存在的问题也很大。第一是对社会认识不足，所以很多用人单位利用这点来骗钱。现在大学生去面试兼职，用人单位多会收取一定的钱，对大学生解释说是单位制度要求。经验少的大学生很难辨别真假，最终被骗。第二是中国目前没有大学生兼职法规，在法律上有一些漏洞。一些不法分子利用大学生来进行非法传销，大学生的劳动也丝毫不受保护。第三是大学生兼职影响学习，很多大学生为做兼职，荒废学业，以致在学校考试中屡次补考。

目前，大学生兼职已经成为社会的一种普遍的现象了，也可以说是社会的一种趋势。尽管还有许多人在怀疑、议论、担忧甚至否定，但是，我们觉得只要在不影响学业的情况下，兼职是利大于弊的，因为大学生最终要面对社会的考验，成为劳动者。兼职让大学生更多更早地接触社会，了解社会，不但有利于他们以后尽快进入工作角色，适应社会，还有利于他们摆脱自我中心意识，培养独立处理问题的能力和健康的世界观、人生观。因此，我们应该接受、鼓励、引导和规范大学生兼职。

## 第二十四课　大学生兼职的利与弊

### 练习　Exercises

一、快速阅读课文后，完成以下练习

（一）根据课文内容，选择正确答案

1. 中国大学生的教育模式是什么？
   A. 重理论轻技能　　　　B. 重技能轻理论
   C. 重视能力的发展　　　D. 重视技能的学习
2. 大学生受教育的场所主要是哪儿？
   A. 社会　　　　　　　　B. 学校
   C. 家庭　　　　　　　　D. 家庭和学校
3. 下面哪个不是大学生做兼职存在的问题？
   A. 被用人单位骗钱　　　B. 大学生的劳动得不到法律保护
   C. 可能影响专业学习　　D. 大学生做兼职挣的钱很少
4. 下面哪个说法不对？
   A. 大学生做兼职是一种潮流　　B. 大学生做兼职的现象很普遍
   C. 大学生做兼职利大于弊　　　D. 没有人反对大学生做兼职

（二）根据课文内容，判断正误

（　）1. 大学生做兼职的好处，文中提到了三个方面。
（　）2. 中国大学生的教育模式是重技能轻理论。
（　）3. 中国目前没有大学生兼职法规。
（　）4. 大学生做兼职可能会影响学业。
（　）5. 我们可以接受但不鼓励大学生做兼职。

二、精读课文后，完成以下练习

（一）根据课文内容，选择画线词语在文中的意思

1. 离开学校到社会工作，使得大学生难以适应，以致不能<u>胜任</u>工作要求。

   A. 获得成功　　　　　　　B. 容易做到

   C. 有能力做好　　　　　　D. 顺利完成

2. 大学生兼职也有利于为将来的工作做<u>铺垫</u>。

   A. 对……有影响　　　　　B. 为……做准备

   C. 铺平道路　　　　　　　D. 布置安排

3. 经验少的大学生很难<u>辨别</u>真假。

   A. 了解　　　　　　　　　B. 理解

   C. 认识　　　　　　　　　D. 区别

4. 中国目前没有大学生兼职法规，在法律上有一些<u>漏洞</u>。

   A. 漏掉的部分　　　　　　B. 不完备的地方

   C. 疏忽的地方　　　　　　D. 丢失的内容

5. 很多大学生为做兼职，<u>荒废</u>学业。

   A. 耽误　　　　　　　　　B. 荒凉

   C. 影响　　　　　　　　　D. 浪费

6. 在学校考试中<u>屡次</u>补考。

   A. 很多次　　　　　　　　B. 有时候

   C. 一些　　　　　　　　　D. 很少

（二）根据课文内容，选择下列句子的正确解释

1. 离开学校到社会工作，使得大学生难以适应，以致不能胜任工作要求，所以大学生兼职也有利于为将来的工作做铺垫。

   A. 大学生很难适应学校的生活，所以出去做兼职。

   B. 大学生开始很难适应社会，做兼职是为以后的工作做准备。

   C. 大学生不能胜任兼职工作的要求，所以很难适应社会。

   D. 大学生离开教室去作兼职，就是为了去适应社会。

2. 做兼职有利于大学生对于劳动的认识，理解父母劳动的辛勤，一定程度上减少浪费的现象。

   A. 做兼职有利于大学生认识到父母劳动的辛苦，所以会减少浪费，学会节约。

   B. 做兼职有利于大学生理解父母的辛苦，所以不会再向父母要钱。

   C. 做兼职有利于大学生认识劳动的辛苦，所以会努力挣更多的钱。

   D. 做兼职有利于大学生认识劳动的辛苦，所以不会花更多的钱。

3. 第一是对社会认识不足，所以很多用人单位利用这点来骗钱。"这点"是指：

   A. 大学生的年龄太小。

   B. 大学生重理论轻技能。

   C. 大学生对社会认识不足。

   D. 大学生做兼职荒废学业。

4. 大学生兼职影响学习，很多大学生为做兼职，荒废学业，以致在学校考试中屡次补考。

   A. 大学生做兼职都会影响学习，荒废学业。

   B. 大学生做兼职会影响学习，所以每次考试都要补考。

   C. 大学生做兼职都会荒废学业，所以要经常补考。

   D. 很多大学生为做兼职荒废了学业，在考试中多次补考。

三、泛读课文后，完成以下练习

（一）下面哪一项和作者的观点不同

   A. 大学生做兼职是为了以后的工作做准备。

   B. 大学生做兼职存在的问题也很大。

   C. 大学生做兼职弊大于利。

   D. 我们应该支持大学生做兼职。

（二）根据课文内容，回答问题

1. 大学生做兼职有哪些好处？

2. 大学生做兼职存在哪些问题？

3. 你支持大学生做兼职吗？

## 生词 New words

| | | | |
|---|---|---|---|
| 1. | 兼职 | jiān zhí | part-time job |
| 2. | 利弊 | lìbì | advantages and disadvantages |
| 3. | 模式 | móshì | mode |
| 4. | 理论 | lǐlùn | theory |
| 5. | 扩展 | kuòzhǎn | to expand |
| 6. | 胜任 | shèngrèn | be qualified for |
| 7. | 铺垫 | pūdiàn | premise |
| 8. | 辛勤 | xīnqín | industrious |
| 9. | 制度 | zhìdù | system |
| 10. | 辨别 | biànbié | to discriminate |
| 11. | 法规 | fǎguī | a rule of law |
| 12. | 漏洞 | lòudòng | loophole |
| 13. | 传销 | chuánxiāo | pyramid selling |
| 14. | 丝毫 | sīháo | the slightest amount or degree |
| 15. | 荒废 | huāngfèi | to fall into disuse |
| 16. | 屡次 | lǚcì | repeatedly |
| 17. | 趋势 | qūshì | trend |

| 18. 怀疑 | huáiyí | to doubt |
| 19. 议论 | yìlùn | to discuss |
| 20. 担忧 | dānyōu | to worry |
| 21. 否定 | fǒudìng | to deny |
| 22. 角色 | juésè | role |
| 23. 摆脱 | bǎituō | to break away from |
| 24. 引导 | yǐndǎo | to guide |
| 25. 规范 | guīfàn | to conform to the standard |

## 拓展阅读 Extended reading

### 大学生租房热

这几年，随着我国高校大幅度的扩招，学校更加关注加强校园环境建设，大学生们的住宿条件有了普遍提高。但是同时，却出现了少部分学生纷纷搬出学生公寓，选择外出租房居住的现象。经调查发现，在校大学生租房的原因为以下几点：

1. 从总体来看，大多数租房者是"考研族"。他们认为尽管学校的集体公寓条件比较好，但住的人较多，相互影响大。况且现在学生学习压力大，学校图书馆、阅览室每天都挤满了自习的同学。因此还不如自己单独租房，住在环境幽静的小区，专心复习备考。

2. 由于性格上的原因。这一部分同学要么是不善于处理同学关系，要么是不习惯集体生活。现在多数高等院校的学生，来自全国各地，同室学生的生活习惯会有些不同，因此在一起生活，容易产生一些矛盾。到校外租房，就有一个属于自己的生活空间。

3. 为改善饮食生活。忍受不了学校集体大食堂的饭菜的口味、价格和卫生质量的同学便自己租房子做饭吃。

4. 与恋人同居，营造"二人世界"。中国当今社会比较开放，在读大学生同居现象存在。因此想过自己"理想的生活"的恋人，很多选择到校外居住。

5. 因为学校住宿费过高。现在学生公寓条件比较好，相应的收费也高。相比之下，一些中小城市的学生租房更便宜。

6. 由于一些学校的基础生活设施建设不够，学校鼓励部分学生外出租房。

大学生校外租房作为一个新现象，代表了一种高校发展形式，只要好好管理和指导，是能够为学生和学校带来益处的。

## 练习 Exercises

一、根据短文内容，判断正误

（　）1. 近年来高校大幅度扩招，校园环境建设日益受到关注。

# 第二十四课 大学生兼职的利与弊

（　）2. 大部分大学生选择外出租房。

（　）3. 外出租房的主要原因是性格问题。

（　）4. 有些大学生为了改善饮食外出租房。

（　）5. 有些学校鼓励部分学生外出租房。

## 二、根据课文内容，回答问题

1. 在你们国家，大学生租房子的多吗？
2. 大学生外出租房的原因有哪些？
3. 你会选择外出租房吗？

## 理解文章主题的技巧

　　能否抓住一篇文章的主题思想，体现了读者总结、概括和归纳事物的能力。把握了主题思想也有助于对文中具体内容的理解。因此，找出主题思想是一项最重要的阅读技巧。

　　一篇文章的中心思想常常由主题句来表达，而主题句往往出现在文章的开头或结尾。因此，在阅读时要特别注意文章的开头和结尾，要从上下文的连贯意思上来理解全文。看看全文谈论的是什么主题，作者是从哪几个方面来进行阐述的。这样，就可以比较有把握地概括出文章的主要观点或主要内容了。

# 第二十五课

## 美丽的呼伦贝尔大草原

热点话题　Hot topics

1. 你去过草原吗？
2. 你知道中国最美的六大草原是哪几个吗？

课文　Text

在中国的最北方，有一片中国最大的草原——美丽的呼伦贝尔大草原。《中国国家地理》杂志社曾经举办了由全国30多家新闻媒体参加的"中国最美的地方"评选活动，呼伦贝尔草原在"中国最美的六大草原"评选中获得了第一名。而呼伦贝尔草原也是世界最著名的三大草原之一。

"呼伦贝尔"这个名字取自呼伦和贝尔两大湖泊。当地民间还有一个关于"呼伦贝尔"名字来历的美丽传说：很久很久以前，草原上有一对情侣，女的叫呼伦，男的叫贝尔。他们为了

## 第二十五课 美丽的呼伦贝尔大草原

保护草原、追求爱情，一起变成了滋润草原和草原人民的呼伦、贝尔湖。

呼伦贝尔草原之所以举世闻名，主要有三个原因：一是呼伦贝尔草原曾出过中国历史名人成吉思汗；二是草场质量非常好，割下来的草远售至东南亚；三是<u>盛产</u>高大健壮的三河马和三河牛。

呼伦贝尔草原可以说是内蒙古草原风光最美丽的地方。有一亿多亩草场，两亿多亩森林，500多个湖泊，3000多条河流。大草原就像是一块天然的绿色地毯，走在上面，感觉非常<u>美妙</u>。在呼伦贝尔草原到处可以看到成群的牛羊，将它称为世界上最美、最大、最没有污染的几大草原之一，真是名副其实。

这里夏天气候适宜，空气清新，是避暑的好选择；冬天是滑雪和冰上运动的<u>好去处</u>。在呼伦贝尔草原旅游，可以骑马、坐蒙古族特有的"勒勒车"，可以在湖边钓鱼、去森林打猎，还可以住进自己搭的蒙古包，喝一杯当地的奶茶，吃一顿独特的草原"全羊宴"。到了晚上，可以围着篝火和当地的牧民们一起唱歌跳舞，再多的烦恼也会被抛在脑后。

## 练习 Exercises

**一、快速阅读课文后，完成以下练习**

（一）根据课文内容，选择正确答案

1. 呼伦贝尔草原在中国的哪里？
   A. 西藏　　　　　　　　B. 内蒙古
   C. 新疆　　　　　　　　D. 青海

2. 关于《中国国家地理》杂志社举办的活动，下列说法正确的是哪一项？
   A. 全国超过30家新闻媒体参加了"中国最美的六大草原"评选活动
   B. 《中国国家地理》杂志社联合30多家单位共同举办了评选活动
   C. 呼伦贝尔草原获得了"中国最美的地方"评选活动的第一名
   D. 《中国国家地理》杂志社将在明年举办这次评选活动

3. 在呼伦贝尔草原旅游可以参加很多活动，下面哪一项是只有冬天才有的活动？
   A. 喝奶茶、坐"勒勒车"　　B. 滑雪、冰上运动
   C. 骑马、吃"全羊宴"　　　D. 钓鱼、住蒙古包

4. 下面哪一项是呼伦贝尔草原没有的？
   A. 草场和森林　　　　　B. 酥油茶和青稞酒
   C. 湖泊和河流　　　　　D. 三河马和三河牛

（二）根据课文内容，判断正误

（　）1. 呼伦贝尔草原是中国最大的草原。

（　）2. 呼伦贝尔草原的草远售至全世界。

（　）3. 呼伦贝尔草原有二亿多亩草场和森林。

（　）4. "勒勒车"是蒙古族特有的。

（　）5. 夏天和冬天都适合去呼伦贝尔草原旅游。

## 第二十五课　美丽的呼伦贝尔大草原

二、精读课文后，完成以下练习

（一）根据课文内容，选择画线词语在文中的意思

1. 杂志社曾经举办了由全国 30 多家新闻媒体参加的"中国最美的地方"评选活动。
   - A. 举行
   - B. 开始
   - C. 办事
   - D. 办理

2. 当地民间还有一个关于"呼伦贝尔"名字来历的美丽传说。
   - A. 故事
   - B. 人或事的历史
   - C. 经历
   - D. 来或去的历史

3. 很久很久以前，草原上有一对情侣。
   - A. 兄妹
   - B. 夫妻
   - C. 恋人
   - D. 好朋友

4. 呼伦贝尔盛产高大健壮的三河马和三河牛。
   - A. 流行生产
   - B. 大量培育
   - C. 特别生产
   - D. 产量很大

5. 走在上面，感觉非常美妙。
   - A. 舒服愉快
   - B. 独特奇怪
   - C. 美丽巧妙
   - D. 自由美好

6. 冬天是滑雪和冰上运动的好去处。
   - A. 目的地
   - B. 选择
   - C. 地方
   - D. 好处

（二）根据课文内容，选择下列句子的正确解释

1. 呼伦贝尔草原是世界最著名的三大草原之一。
   - A. 呼伦贝尔草原是全世界最有名的草原。
   - B. 呼伦贝尔草原是世界最有名的三大草原中的一个。
   - C. 全世界著名的草原只有三个。
   - D. 呼伦贝尔草原是世界三大草原中最著名的一个。

209

2. 呼伦贝尔草原可以说是内蒙古草原风光最美丽的地方。

    A. 在内蒙古,呼伦贝尔草原的风景最漂亮。

    B. 内蒙古是中国草原风光最美丽的地方。

    C. 内蒙古有中国最美丽的草原——呼伦贝尔草原。

    D. 在内蒙古,草原景色最漂亮的地方是呼伦贝尔草原。

3. 将呼伦贝尔称为世界上最美、最大、最没有污染的几大草原之一,真是名副其实。

    A. 将呼伦贝尔草原称为"世界上最美、最大、最没有污染的几大草原之一"并不符合实际情况。

    B. 将呼伦贝尔草原称为"世界上最美、最大、最没有污染的几大草原之一"是符合实际情况的。

    C. 将内蒙古的草原称为"世界上最美、最大、最没有污染的几大草原"是符合实际情况的。

    D. 将内蒙古的草原称为"世界上最美、最大、最没有污染的几大草原"并不符合实际情况。

4. 再多的烦恼也会被抛在脑后。

    A. 所有的烦恼都会忘记。

    B. 所有的问题都能解决。

    C. 大部分烦恼都能忘记。

    D. 大部分问题都能解决。

三、泛读课文后,完成以下练习

(一) 关于呼伦贝尔草原,下面哪种说法不正确

　　A. 呼伦贝尔草原在中国北方。

　　B. "呼伦贝尔"这个名字取自呼伦和贝尔两大河流。

　　C. 呼伦贝尔草原的夏天不太热。

　　D. 呼伦贝尔草原的草场质量非常好。

# 第二十五课  美丽的呼伦贝尔大草原

（二）根据课文内容，回答问题

1. 呼伦贝尔草原举世闻名的主要原因有哪些？
2. 去呼伦贝尔草原旅游可以做什么？
3. 如果你去呼伦贝尔草原旅游，你会选择哪个季节去？为什么？

生词  New words

| | | | |
|---|---|---|---|
| 1. | 举办 | jǔbàn | to hold; to run |
| 2. | 媒体 | méitǐ | medium |
| 3. | 评选 | píngxuǎn | to appraise and elect |
| 4. | 湖泊 | húpō | lake |
| 5. | 当地 | dāngdì | local |
| 6. | 来历 | láilì | origin; source |
| 7. | 情侣 | qínglǚ | lovers |
| 8. | 滋润 | zīrùn | to moisten |
| 9. | 草场 | cǎochǎng | meadow |
| 10. | 盛产 | shèngchǎn | to teem with |
| 11. | 健壮 | jiànzhuàng | robust |
| 12. | 河流 | héliú | river |
| 13. | 天然 | tiānrán | natural |
| 14. | 地毯 | dìtǎn | carpet |
| 15. | 美妙 | měimiào | beautiful; wonderful |
| 16. | 成群 | chéngqún | in groups |

| | | | |
|---|---|---|---|
| 17. | 名副其实 | míng fù qí shí | be worthy of the name |
| 18. | 清新 | qīngxīn | pure and fresh |
| 19. | 避暑 | bì shǔ | be away for the summer holidays |
| 20. | 滑雪 | huá xuě | to ski |
| 21. | 勒勒车 | lèlèchē | name of a kind of local carriage |
| 22. | 打猎 | dǎ liè | to go hunting |
| 23. | 蒙古包 | měnggǔbāo | Mongolian yurt |
| 24. | 全羊宴 | quányángyàn | all-sheep banquet |
| 25. | 篝火 | gōuhuǒ | bonfire; campfire |
| 26. | 烦恼 | fánnǎo | worries |

 专名　　　**Proper nouns**

| | | | |
|---|---|---|---|
| 1. | 蒙古族 | Měnggǔ Zú | Mongols |
| 2. | 《中国国家地理》 | Zhōngguó Guójiā Dìlǐ | Chinese National Geography |
| 3. | 成吉思汗 | Chéngjísīhán | Genghis Khan |
| 4. | 三河马 | Sānhé Mǎ | name of a kind of horse |
| 5. | 三河牛 | Sānhé Niú | name of a kind of horse |
| 6. | 东南亚 | Dōngnán Yà | Southeast Asia |

## 入乡随俗

中国有句俗话叫"入乡随俗",意思是到了一个新地方要按照当地的风俗习惯做事。到内蒙古草原旅游,更要了解草原上蒙古族的礼仪风俗,这会帮助你更好地度过草原之旅的美好时光。

蒙古族人民热情好客,外出路上不论是遇到熟人还是陌生人,都要亲切地打招呼"他赛百努(音)!"(您好!)。客人到家做客时,主人都会热情迎接,问候完后,会把右手放在胸前并微微弯身,请客人进家。客人坐好后,主人会相继用香烟、奶茶、手扒肉来招待客人。会喝酒的客人,主人总是不停地劝酒。

而到牧民家做客,我们也要注意遵从当地的礼仪风俗。比如,见到老人要问好。不在老人面前通过;没有得到允许不能和老人并排坐;称呼老人要用"您"而不能用"你"或直接叫老人的名字。不要当着孩子家人的面说孩子生理上的不足。在当地,对孩子和善、亲切,被认为是对孩子家长的尊重。

此外,主人向客人敬茶时,会给客人端上一碗奶茶。客人要微微弯身用双手或右手去接,千万不要用左手,这样会被认为是不懂礼貌。主人倒茶时,客人如果不想要,可以用碗边轻轻碰一碰勺子或壶嘴，主人马上就会明白客人的意思。

当然，离开主人家时要说再见并感谢主人热情的招待。

一、根据短文内容，判断正误

（ ）1. 蒙古族人民遇到熟人时才会打招呼。

（ ）2. 蒙古族人喜欢用香烟、奶茶、手扒肉招待客人。

（ ）3. 在牧民家做客时不能和老人坐在一起。

（ ）4. 主人敬茶时，客人不能用左手接碗。

（ ）5. 主人敬茶时，如果客人不想要可以把碗放在一边。

二、根据课文内容，回答问题

1. 去牧民家做客时哪些事情不能做？

2. 在主人敬茶时，要注意些什么？

3. "入乡随俗"是什么意思？你能举出一个"入乡随俗"的例子吗？

# 第二十六课

## 哈密瓜的故乡

热点话题　Hot topics

1. 你的故乡在哪里？有哪些有名的水果？
2. 你知道哈密瓜的故乡在哪里吗？

课文　Text

如果你有一段比较长的假期，可以考虑去哈密瓜的故乡——新疆的哈密旅游。这是一个充满神奇的地方，有着悠久的历史文化、独特的人文景观和美丽的自然风景，旅游含金量很高。

哈密位于新疆东部，天山山脉把哈密分成了南北两个部分。南部是<u>茫茫</u>的戈壁，干燥少雨，昼夜温差大，而且日照时间长，是哈密瓜的故乡；北部气候湿润，有起伏的山岳、地毯般的绿草和<u>终年</u>不化的雪山。由于南北气候的差异，使哈密有"一日有四季，十里不同天"的景观。

在哈密，不但能看到雪山、森林、草原的优美风光，还能欣赏到大漠、戈壁、峡谷等独特的自然景观。哈密有许多历史古迹，现存烽火台51座，还有很多古墓、岩画、寺庙等。

哈密的最佳旅游时间是七、八、九三个月，也就是夏末秋初的时候。此时去哈密，不仅可以欣赏美丽的自然风光，还可以品尝到新鲜的水果。哈密因哈密瓜而出名，如果你问一个七、八岁的中国孩子喜欢新疆的什么水果，他会说：哈密瓜。哈密瓜的生长需要午热夜凉的沙质土壤，而哈密的戈壁正符合这样的条件。哈密除了哈密瓜，还有许多其他好吃的水果，不过千万不要贪吃免得吃坏了肚子。

去哈密旅游交通十分方便，哈密是铁路进入新疆的第一个大站，进出新疆的所有火车都会在哈密停靠，每天有十几趟。从上海到哈密，可以先坐飞机或火车到新疆的首府乌鲁木齐，然后坐专列到哈密，也可以先从上海到西安，然后从西安坐火车到哈密。此外，从哈密到各个景区也都有班车，出租车也很便宜，起步价只要5元钱。

# 第二十六课 哈密瓜的故乡

## 练习 Exercises

**一、快速阅读课文后，完成以下练习**

（一）根据课文内容，选择正确答案

1. 下面哪一个是哈密南部独特的景观？
   - A. 茫茫的戈壁
   - B. 地毯般的绿草
   - C. 起伏的山岳
   - D. 终年不化的雪山

2. 哈密北部的气候特点是什么？
   - A. 雨很少
   - B. 日照时间长
   - C. 昼夜温差大
   - D. 气候湿润

3. 哈密因什么而出名？
   - A. 美丽的自然风景
   - B. 盛产哈密瓜
   - C. 悠久的历史文化
   - D. 独特的人文景观

4. 去哈密旅游交通十分方便，表现在什么方面？
   - A. 哈密有很多飞机场
   - B. 每天有十几趟到哈密的火车
   - C. 从上海到哈密有专列
   - D. 从哈密到各个景区都有出租车

（二）根据课文内容，判断正误

（ ）1. 夏末去哈密可以品尝到新鲜的水果。

（ ）2. 哈密南北部气候差异不太大。

（ ）3. 每天有十几趟火车在哈密站停靠。

（ ）4. 哈密是新疆的首府。

（ ）5. 景区班车的车票要5元。

## 二、精读课文后，完成以下练习

（一）根据课文内容，选择画线词语在文中的意思

1. 天山山脉南部是<u>茫茫</u>的戈壁。
   - A. 看不清楚
   - B. 白色的
   - C. 看不到边
   - D. 模糊的

2. 北部气候湿润，有起伏的山岳、地毯般的绿草和<u>终年</u>不化的雪山。
   - A. 全年
   - B. 每年
   - C. 永远
   - D. 一直

3. 不仅可以欣赏美丽的自然风光，还可以<u>品尝</u>到新鲜的水果。
   - A. 大口吃
   - B. 尝味道
   - C. 欣赏
   - D. 讨论

4. 千万不要<u>贪吃</u>免得吃坏了肚子。
   - A. 吃生的东西
   - B. 什么都吃
   - C. 吃不干净的东西
   - D. 吃太多

5. 可以先坐飞机或火车到新疆的首府乌鲁木齐，然后坐<u>专列</u>到哈密。
   - A. 专门为游客开的飞机
   - B. 专门为哈密开的飞机
   - C. 专门为游客开的火车
   - D. 专门为哈密开的火车

（二）根据课文内容，选择下列句子的正确解释

1. （去新疆哈密）旅游含金量很高。
   - A. 去新疆旅游很便宜。
   - B. 去哈密旅游要用很多钱。
   - C. 在哈密可以赚到很多钱。
   - D. 去哈密旅游具有很高的价值。

2. 由于南北气候的差异，使哈密有"一日有四季，十里不同天"的景观。
   - A. 哈密有一个景区叫"一日有四季，十里不同天"。
   - B. 在哈密不同的地方季节也不同。
   - C. 哈密"一日有四季，十里不同天"的景观是由南北气候不同形成的。

## 第二十六课　哈密瓜的故乡

　　　　D. 哈密只有南部有"一日有四季，十里不同天"的景观。
　　3. 哈密瓜的生长需要午热夜凉的沙质土壤，而哈密的戈壁正符合这样的条件。
　　　　A. 哈密的戈壁符合哈密瓜生长的条件。
　　　　B. 哈密瓜需要午凉夜热的沙质土壤才能生长。
　　　　C. 哈密的北部有适合哈密瓜的生长的土壤。
　　　　D. 只要有沙质土壤哈密瓜就能生长。
　　4. 哈密是铁路进入新疆的第一个大站，进出新疆的所有火车都会在哈密停靠。
　　　　A. 去哈密可以坐火车，因为停靠的第一个车站就是哈密。
　　　　B. 坐火车去新疆的话，停靠的第一个大站就是哈密。
　　　　C. 哈密是坐火车进入新疆最早停靠的火车站。
　　　　D. 所有进入新疆的火车都会第一个在哈密停靠。

## 三、泛读课文后，完成以下练习

（一）关于哈密，下面哪种说法是正确的
　　　A. 哈密在新疆的东北部。
　　　B. 哈密有许多历史古迹。
　　　C. 哈密只有哈密瓜。
　　　D. 在哈密旅游最好坐出租车。

（二）根据课文内容，回答问题
　　1. 哈密南北部在气候上有什么不同？
　　2. 哈密瓜的生长需要哪些条件？
　　3. 从上海到哈密可以怎么去？

## 生词 New words

| | | | |
|---|---|---|---|
| 1. | 假期 | jiàqī | vacation |
| 2. | 人文景观 | rénwén jǐngguān | places of historic figures and cultural heritage |
| 3. | 含金量 | hánjīnliàng | gold content |
| 4. | 干燥 | gānzào | dry |
| 5. | 茫茫 | mángmáng | boundless |
| 6. | 戈壁 | gēbì | gobi |
| 7. | 湿润 | shīrùn | moist |
| 8. | 起伏 | qǐfú | ups and downs |
| 9. | 山岳 | shānyuè | kop |
| 10. | 终年 | zhōngnián | all the year round |
| 11. | 大漠 | dàmò | desert |
| 12. | 峡谷 | xiágǔ | canyon |
| 13. | 烽火台 | fēnghuǒtái | beacon tower |
| 14. | 岩(石) | yán (shí) | rock |
| 15. | 品尝 | pǐncháng | to taste |
| 16. | 出名 | chūmíng | famous；well-known |
| 17. | 沙质 | shāzhì | sandiness |
| 18. | 土壤 | tǔrǎng | soil |

# 第二十六课 哈密瓜的故乡

| 19. 贪吃 | tānchī | edacity |
|---|---|---|
| 20. 免得 | miǎnde | so as not to |
| 21. 铁路 | tiělù | railway |
| 22. 首府 | shǒufǔ | capital |
| 23. 专列 | zhuānliè | special train |
| 24. 景区 | jǐngqū | scenic zone |
| 25. 班车 | bānchē | regular bus |

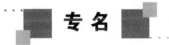 

## 专名　Proper nouns

| 1. 新疆 | Xīnjiāng | Sinkiang |
|---|---|---|
| 2. 哈密 | Hāmì | Kumul (a city name in Sinkiang) |
| 3. 天山山脉 | Tiānshān Shānmài | Tian Shan mountain chain |
| 4. 乌鲁木齐 | Wūlǔmùqí | Urumqi (capital of Sinkiang) |

## 拓展阅读　Extended reading

### 新疆旅游须知

新疆，一个美丽而神秘的地方，吸引了众多游客前去旅游。那么去新疆旅游要注意些什么呢？

首先，要注意新疆多变的气候。"早穿皮袄午穿纱，围着火炉吃西瓜"说的就是新疆多变的气候。新疆的气候四季分明，昼夜温差大，有时可相差10至15度左右，因此夏天去新疆旅游也要准备好毛衣和外套。此外，新疆很多地方海拔较高，日照时间长，因此游客也要带好防晒用品、太阳眼镜等，并且每天要多喝水。而新疆11月中旬就已经下雪了，冬天的温度大多在零下20度左右。

其次，要注意新疆独特的饮食习惯。新疆饮食主要以牛、羊肉为主，蔬菜很少，主要特点是味道重，比较油腻，且不太容易消化。如果你觉得会不习惯，可以自己准备一些帮助消化的食物或药。新疆的羊肉很有名，小吃也很多，建议您尝一尝。此外，到新疆吃水果是一大乐事。7至9月是新疆水果上市的季节，葡萄、哈密瓜、西瓜等可以让您大饱口福，但千万不要贪吃也不要在吃完水果后再喝热茶，以免肚子不舒服。

最后，要尊重当地人民的民族信仰。新疆是少数民族地区，宗教色彩浓厚，其中以伊斯兰教为主，信仰伊斯兰教的民族是不吃猪肉的。因此，游客应该注意不要在清真餐厅携带或吃猪肉制品，在谈话、吃饭的时候也不要谈论有关猪肉的话题。

# 第二十六课　哈密瓜的故乡

## 一、根据短文内容，判断正误

（　）1. 新疆气候多变，早晚温差可达15度以上。

（　）2. 每年一到11月中旬新疆就开始下雪了。

（　）3. 新疆的饮食独特，牛肉最有名，应该尝尝。

（　）4. 吃完水果后再喝热茶会肚子不舒服。

（　）5. 信仰伊斯兰教的民族是不吃猪肉的。

## 二、根据课文内容，回答问题

1. 夏天去新疆旅游要带些什么？为什么？

2. 新疆饮食的特点是什么？

3. 去新疆旅游哪些事情是不能做的？

## 第二十七课

# 神秘的香格里拉

1. 你喜欢什么季节出去旅游？
2. 你是否听说过"香格里拉"？

"香格里拉"这个词，最早出现在1933年小说家詹姆斯·希尔顿的小说《失去的地平线》中。小说中的"香格里拉"是一个有神秘的寺庙、宁静的湖泊、美丽的大草原及牛羊成群的世外桃源，而云南迪庆正有着小说中所描写的一切。经过专家们的考察，证实了书中的"香格里拉"就在云南的迪庆，迪庆高原就是人们寻找了半个世纪的"香格里拉"。更巧的是，藏语中也有"香格里拉"一词，意思是"心中的日月"，代表藏族人民心目中最理想的生活环境。古老神秘的纳西东巴文化同样令人

## 第二十七课  神秘的香格里拉

赞叹。

云南香格里拉素有"高山大花园"、"动植物王国"等美称。特殊的地理位置，使其拥有雪山、峡谷、草原、高山湖泊、原始森林等独特景观。这里也一直保留着最原始的生态环境，景区内只有原始的农屋，除此之外看不到任何现代建筑，连个小卖部都没有。为了保护当地的生态环境，游客游览时都要乘坐香格里拉自己的环保车，外来汽车则一律停在景区的外面。

每年5月下旬和10月上旬是去香格里拉旅游的最佳时间。5月可以看到蓝天下美丽的杜鹃花海，而10月的香格里拉颜色是最丰富、漂亮的。此外，观赏梅里雪山的最佳季节是1至5月的冬春季，因为其他时间很难看到雪山的全景。但香格里拉冬季气温较低，下雪后山路也很难走，等着雪化更是一件需要耐心和时间的事。而6至9月通常是雨季，不但路况不好，还容易遭遇泥石流，因此这段时间并不适合去香格里拉旅游。

此外，需要注意的是迪庆高原海拔3300米，属于高海拔地区，因此旅游时不宜剧烈运动，不宜饮酒，要多吃蔬菜、水果，以免发生高原反应。

## 练 习　Exercises

一、快速阅读课文后，完成以下练习

（一）根据课文内容，选择正确答案

1. 关于小说《失去的地平线》，下列说法不正确的是哪一项？
   A. 小说中第一次出现"香格里拉"这个词
   B. 小说是 1933 年出版的
   C. 小说中的"香格里拉"就在云南的迪庆
   D. 小说的作者詹姆斯·希尔顿是戏剧家

2. 为什么游览香格里拉时外来的汽车不能进入景区？
   A. 香格里拉有自己的车，比汽车方便
   B. 景区里没有大路，汽车开不进去
   C. 为了保护景区的环境
   D. 景区里不允许开车

3. 什么时候去香格里拉可以看到梅里雪山的全景？
   A. 5 月　　　　　　　　B. 1~5 月
   C. 10 月　　　　　　　 D. 6~9 月

4. 做什么可以避免发生高原反应？
   A. 多运动　　　　　　　B. 多喝凉水
   C. 少喝酒　　　　　　　D. 多吃水果

（二）根据课文内容，判断正误

（　）1. 迪庆高原属于高海拔地区，被称为"高山大花园"。
（　）2. 藏语中"香格里拉"的意思是"心中的太阳"。
（　）3. 每年 5 月上旬和 10 月上旬都是去香格里拉旅游的最佳时间。
（　）4. 香格里拉的冬天并不冷。
（　）5. 6 月至 9 月一般是香格里拉的雨季。

## 第二十七课　神秘的香格里拉

### 二、精读课文后，完成以下练习

（一）根据课文内容，选择画线词语在文中的意思

1. 经过专家们的考察，<u>证实</u>了书中的"香格里拉"就在云南的迪庆。
   - A. 说明清楚
   - B. 确确实实
   - C. 证明是真的
   - D. 明确事实

2. 古老神秘的纳西东巴文化同样令人<u>赞叹</u>。
   - A. 称赞
   - B. 感慨
   - C. 惊讶
   - D. 叹息

3. 云南香格里拉<u>素有</u> "高山大花园"、"动植物王国"等美称。
   - A. 以前有，现在没有
   - B. 以前没有，现在才有
   - C. 从来没有
   - D. 一直都有

4. 这里也一<u>直保</u>留着最原始的生态环境。
   - A. 保持不变
   - B. 保护
   - C. 留着，不拿出来
   - D. 改变

5. 外来汽车则<u>一律</u>停在景区的外面。
   - A. 相同的
   - B. 一个样子
   - C. 一共
   - D. 没有例外

6. 迪庆属于高海拔地区，因此旅游时<u>不宜</u>剧烈运动。
   - A. 不合适
   - B. 不应该
   - C. 不用
   - D. 不会

（二）根据课文内容，选择下列句子的正确解释

1. 云南迪庆正有着小说中所描写的一切。
   - A. 云南迪庆和小说中写的"香格里拉"一样。
   - B. 小说写的就是云南。
   - C. 小说写的内容有一部分很像云南迪庆。
   - D. 小说写的和云南迪庆不一样。

2. 特殊的地理位置，使其拥有雪山、峡谷、草原、高山湖泊、原始森林等

227

独特景观。"其"是指：

    A. 云南                       B. 小说中的"香格里拉"

    C. 梅里雪山              D. 云南迪庆

3. 景区内只有原始的农屋，除此之外看不到任何现代建筑，连个小卖部都没有。

    A. 景区里什么建筑都没有。

    B. 景区里除了农屋和小卖部以外没有其他建筑。

    C. 景区里没有现代建筑包括小卖部。

    D. 景区里除了没有小卖部其他建筑都有。

4. 等着雪化是一件需要耐心和时间的事。

    A. 等雪融化掉需要很长的时间。

    B. 所有的人都有耐心等着雪融化掉。

    C. 等的时间再长雪也不会融化掉。

    D. 等雪融化掉并不需要很长的时间。

## 三、泛读课文后，完成以下练习

（一）关于云南香格里拉，下面哪种说法不正确

    A. 云南香格里拉有"高山大花园"的美称。

    B. 10月的香格里拉颜色是最丰富的。

    C. 香格里拉景区内不但有原始风景也有现代建筑。

    D. 迪庆高原海拔超过3000米。

（二）根据课文内容，回答问题

    1. 小说《失去的地平线》中的"香格里拉"是一个怎样的地方？

    2. 哪些时候最适合去香格里拉旅游？为什么？

    3. 如果雨季去香格里拉旅游会怎么样？

# 第二十七课 神秘的香格里拉

## 生词 New words

1. 宁静　　　níngjìng　　　peaceful; tranquil
2. 世外桃源　shì wài Táoyuán　land of idyllic beauty
3. 描写　　　miáoxiě　　　to describe
4. 考察　　　kǎochá　　　to inspect; to investigate
5. 证实　　　zhèngshí　　　to confirm; to verify
6. 世纪　　　shìjì　　　century
7. 巧　　　　qiǎo　　　coincident
8. 理想　　　lǐxiǎng　　　ideal
9. 赞叹　　　zàntàn　　　to highly praise
10. 拥有　　yōngyǒu　　to possess; to have
11. 原始　　yuánshǐ　　primitive
12. 生态　　shēngtài　　ecology
13. 小卖部　xiǎomàibù　canteen; retail department
14. 一律　　yīlǜ　　all; without exception
15. 杜鹃花　dùjuānhuā　azalea
16. 观赏　　guānshǎng　to view and admire
17. 耐心　　nàixīn　　patient
18. 路况　　lùkuàng　　road condition
19. 遭遇　　zāoyù　　to meet with; to encounter
20. 泥石流　níshíliú　　mud-rock flow
21. 不宜　　bùyí　　not suitable; inadvisable

229

22. 剧烈　　　　　　　jùliè　　　　　　　violent; acute

## 专名　Proper nouns

1. 詹姆斯·希尔顿　　Zhānmǔsī·Xī'ěrdùn　　James Hilton(*the author of Lost Horizon*)
2. 《失去的地平线》　Shīqù de Dìpíngxiàn　　*Lost Horizon*
3. 迪庆　　　　　　　Díqìng　　　　　　　*name of a place in Yunan province*
4. 纳西族　　　　　　Nàxī Zú　　　　　　　*the Naxi[Nahsi]nationality*
5. 东巴文化　　　　　Dōngbā Wénhuà　　　*Dongba culture*
6. 梅里雪山　　　　　Méilǐ Xuěshān　　　　*Meri Mountain*

## 拓展阅读　Extend reading

### 大理四月天

　　四月，是大理最美的季节，就连天上飘着的云也比平时更大、更白、更亮。几场春雨过后，杜鹃花纷纷盛开，和大理古城那些古老的建筑一起形成了一道美丽的风景。

　　四月的大理古城十分热闹。想来大理旅游的人大多会选择此时来大理一游，感受一下大理四月的好风光。而一年一度的"三月街民族节"更是吸引了无数的游客。"三月街民族节"有整整一个星期的时间，是体验中国少数民族风情的绝佳机会。

## 第二十七课 神秘的香格里拉

每天你都可以去逛一逛，挑选一些具有民族特色的小礼品，花费不多，收获却不少。所以，这个时候在大理吃饭会是一件难事，因为人多，就连小摊前都挤满了人，而且价格也会比平时贵很多。不过大多数人并不在意，因为大家都忙着逛大理城呢！

大理古城的四月一是人多，二便是花多了。其中最吸引人目光的应该是杜鹃花了。公园里、道路旁，到处都能看到盛开的杜鹃花。那些杜鹃花虽然算不上名贵的品种，但颜色丰富，一片片的，十分漂亮。有的古城居民，会把自己精心种植的名贵杜鹃花拿出来，放在自己家门口，让经过的人和游客也能一起欣赏。因此，杜鹃花被人们称为大理四月的花中之王。

如果你想在一年的辛苦学习、工作后喘上一口气，放松一下，不如从一年中拿出短短几天的时间，去感受一下大理四月的美好时光。

练习　Exercises

一、根据短文内容，判断正误

（　）1. 四月是去大理旅游的最佳时间。
（　）2. "三月街民族节"有三个月的时间。
（　）3. "三月街民族节"每年举办一次。
（　）4. 在大理吃饭很不方便也很贵。

（　　）5. 大理公园里的杜鹃花都是名贵品种。

## 二、根据课文内容，回答问题

1. 大理的四月有两"多"，分别是什么？
2. "三月街民族节"游客可以做什么？
3. 为什么杜鹃花被称为大理四月的花中之王？

 阅读小技巧　 Reading skills

## 如何提高阅读速度

阅读速度是阅读能力（特别是泛读能力）的重要标志，也是学习者必备的素质。为了提高阅读速度，首先必须摆脱精读的学习方法，即注重文章大意，不追究细节。阅读千万不要在一个生词或一个句子上长时间停留。要学会用汉语思维，即直接用汉语接收信息，避免出现将汉语翻译成母语再去理解的情况。

其次，进行限时阅读训练。阅读速度因人而异，学生可以根据本人的汉语水平、文章的长度和难度、题材等规定阅读时间。限时阅读的目的是从时间上约束自己，迫使自己定时定量地达到阅读目标，养成快速阅读的习惯。训练开始时可以找一些篇幅短、生词量少、结构容易、内容简单的文章进行训练，这样可以增强学习的信心，消除畏难情绪。

# 第二十八课

# 生活节奏的快与慢

1. 你所住的城市生活节奏快吗？
2. 你喜欢哪种节奏的生活方式？

初来澳门，感觉澳门的节奏比内地城市慢很多：政府部门、公司、商店，都在上午九、十点钟才上班。一到周末，银行就关门了。澳门市民喜欢晨练，水塘、公园、海滨等地都能看到他们运动的身影，到了休息日人就更多了。但所谓"晨练"，除老年人会早起外，一般市民往往在九、十点钟以后才开始练。一位澳门朋友说，澳门的生活节奏是受了南欧的影响，但与南欧国家相比，澳门的节奏已经算快了。

澳门的道路不宽但数量却很多，路口很少有红绿灯，车辆互相礼让通行，斑马线行人优先通过，很少见到人们<u>争先恐后</u>的情景；澳门人性格温和有礼，不会跟人脸红脖子粗的。

澳门最受欢迎的露天跳蚤市场位于大三巴牌坊附近。在这里，你可以找到各种陶器、雕刻及其他古旧物品。议事亭前地是澳门的中心，周围小贩摊位林立。那一带的小街内有出售各式各样便宜商品的店铺及各类中外小吃店。

入夜的澳门是安静的，除了议事亭前地一带和几家大型娱乐场还是<u>人头攒动</u>外，其他的大街小巷则安静无声。但澳门并不缺乏激情，每年端午节举办的国际龙舟赛，场面火爆；至于一年一度的格兰披治大赛车，更是<u>独一无二</u>。

要寻找夜的动感，一定要去娱乐场所集中的葡京一带。各赌场酒店的彩屏外墙让人眼花缭乱，永利酒店外的喷泉随着音乐时高时低。与24小时营业的博彩场所一样，典当行终年无休，它们的橱窗里永远展示着各式各样的名表、名笔和珠宝首饰，在灯光照射下闪闪发光。

当地人说，这几年随着经济的快速发展，博彩业<u>膨胀</u>，澳门人的生活节奏也比以前快了，平静之中多了几分躁动。那滋味，恐怕只有澳门人自己才能体会。

## 第二十八课　生活节奏的快与慢

## 练习　Exercises

一、快速阅读课文后，完成以下练习

（一）根据课文内容，选择正确答案

1. 澳门人一般几点才开始工作？
   A. 上午七、八点　　　　　　B. 上午九、十点
   C. 下午一、两点　　　　　　D. 下午四、五点

2. 以下什么东西在跳蚤市场买不到？
   A. 小吃　　　　　　　　　　B. 陶器
   C. 古董　　　　　　　　　　D. 雕刻

3. 如果澳门人晚上要出去玩，不会去什么地方？
   A. 葡京一带　　　　　　　　B. 永利酒店
   C. 议事亭前地　　　　　　　D. 大街小巷

4. 澳门人喜欢他们现在的生活节奏吗？
   A. 不喜欢　　　　　　　　　B. 很喜欢
   C. 文中没说　　　　　　　　D. 很难说

（二）根据课文内容，判断正误

（　）1. 澳门人的生活节奏在渐渐发生变化。

（　）2. 从星期一到星期日，银行的职员都要上班。

（　）3. 澳门的老人很早就起来锻炼身体。

（　）4. 澳门的生活节奏没有南欧快。

（　）5. 格兰披治大赛车比赛在澳门两年举办一次。

## 二、精读课文后，完成以下练习

**（一）根据课文内容，选择画线词语在文中的意思**

1. （在澳门）很少见到人们<u>争先恐后</u>的情景。
    A. 努力往前，害怕在后面
    B. 前面的人在吵架，后面的人很害怕
    C. 害怕在前面，都喜欢在后面
    D. 地方很小，人太多

2. 议事亭前地一带和几家大型娱乐场还是<u>人头攒动</u>。
    A. 很多人，很吵闹　　　　　B. 聚在一起活动
    C. 很多人，非常挤　　　　　D. 挤在一起赚钱

3. 至于一年一次的格兰披治大赛车，更是<u>独一无二</u>。
    A. 完全是两个不同的东西　　B. 有相同的地方
    C. 可以和很多东西比较　　　D. 没有东西可以和它比

4. 要寻找夜的动感，一定要去娱乐场集中的葡京<u>一带</u>。
    A. 葡京的某个地方
    B. 有个娱乐场所叫"葡京一带"
    C. 葡京和它附近的地方
    D. 两个地方的名字：葡京和一带

5. 这几年随着经济的快速发展，博彩业<u>膨胀</u>。
    A. 事物发展得越来越大
    B. 事物不再发展，保持现在的样子
    C. 事物变得越来越小
    D. 新的事物出现得太多

**（二）根据课文内容，选择下列句子的正确解释**

1. 澳门人性格温和有礼，不会跟人脸红脖子粗的。
    A. 澳门人喜欢性格温和的人，不喜欢经常和别人吵架。
    B. 澳门人性格很平静，有礼貌，不喜欢和别人吵架。

## 第二十八课　生活节奏的快与慢

　　C. 澳门人的性格喜欢安安静静地坐着，所以脸色很好。

　　D. 澳门人喜欢小声地说话，不喜欢大声地说话。

2. 每年端午节举办的国际龙舟赛，场面火爆。

　　A. 澳门每年都有国际龙舟比赛和吃火锅比赛。

　　B. 澳门每年都有国际龙舟比赛，人们要放很多烟火。

　　C. 很多人去看国际龙舟比赛，所以特别热闹。

　　D. 很多人去看国际龙舟比赛，人太多了，有时还会吵架。

3. 各赌场酒店的彩屏外墙让人眼花缭乱。

　　A. 各个赌场酒店外墙上的光线让人眼睛疼得流泪。

　　B. 各个赌场酒店外墙上不同颜色的光让人越看越喜欢。

　　C. 各个赌场酒店外墙上的光线看上去像颜色不同的花。

　　D. 各个赌场酒店外墙上不同颜色的光让人看多了头昏。

4. 澳门人的生活节奏也比以前快了，平静之中多了几分躁动。

　　A. 澳门人以前性格很安静，现在变得很着急。

　　B. 澳门人以前生活很平静，现在有一点急燥。

　　C. 澳门人的生活速度越来越快，很少平静。

　　D. 澳门人喜欢生活节奏快，不喜欢安静。

### 三、泛读课文后，完成以下练习

（一）下面哪一项和作者的观点不同

　　A. 澳门人遵守交通规则，不喜欢跟人吵架。

　　B. 澳门人喜欢晨练，大部分人往往在九、十点才开始练。

　　C. 澳门的博彩场所和典当行都有名表、名笔和珠宝首饰出售。

　　D. 除了议事亭前地和大型娱乐场所，澳门其他地方则很安静。

（二）根据课文内容，回答问题

1. 澳门人的生活节奏怎么样？最近发生了什么变化？
2. 如果你的朋友要去澳门旅游，请你帮他（她）制定一个观光计划。

## 生词　New words

| | | |
|---|---|---|
| 1. 节奏 | jiézòu | rhythm |
| 2. 部门 | bùmén | section |
| 3. 海滨 | hǎibīn | coast |
| 4. 相比 | xiāngbǐ | to compared to |
| 5. 斑马线 | bānmǎxiàn | zebra crossing |
| 6. 优先 | yōuxiān | priority |
| 7. 争先恐后 | zhēng xiān kǒng hòu | to vie with each other in doing something |
| 8. 温和 | wēnhé | moderate |
| 9. 雕刻 | diāokè | sculpture |
| 10. 一带 | yīdài | region |
| 11. 娱乐 | yúlè | entertainment |
| 12. 人头攒动 | rén tóu cuándòng | extremely crowded |
| 13. 激情 | jīqíng | passion |
| 14. 场面 | chǎngmiàn | occasion |
| 15. 火爆 | huǒbào | extremely popular |
| 16. 至于 | zhìyú | in so far as |
| 17. 独一无二 | dú yī wú èr | only one |
| 18. 眼花缭乱 | yǎn huā liáo luàn | be dazzled |

# 第二十八课　生活节奏的快与慢

| 19. | 随着 | suízhe | along with |
| --- | --- | --- | --- |
| 20. | 博彩 | bócǎi | lottery |
| 21. | 典当行 | diǎndànghàng | pawning house |
| 22. | 膨胀 | péngzhàng | to inflate |
| 23. | 躁动 | zàodòng | dysphoria |
| 24. | 滋味 | zīwèi | taste |
| 25. | 跳蚤市场 | tiàozao shìchǎng | flea market |

## 专名　Proper nouns

| 1. | 澳门 | Àomén | Macau |
| --- | --- | --- | --- |
| 2. | 南欧 | Nán Ōu | Southern Europe |
| 3. | 大三巴牌坊 | Dàsānbā Páifāng | Ruins of St. Paul's |
| 4. | 议事亭前地 | Yìshìtíng Qiándì | Largo do Senado (prosperous place in Macau) |
| 5. | 格兰披治大赛车 | Gélánpīzhì Dàsàichē | Grand Prix racing competetion |
| 6. | 葡京 | Pújīng | Hotel Lisboa Macau |
| 7. | 永利酒店 | Yǒnglì Jiǔdiàn | Wynn Macau |

## 拓展阅读　Extend reading

### 中国最繁忙的城市——香港

忙碌的城市总有一些相同点：外来人口多；快餐店多；交通便利；传媒业发达；交通事故多；身体和精神疾病多；排队多；个人发展压力大；自由职业者多。

香港人工作紧张繁忙，使整个城市都呈现着一种忙碌和快节奏。走在街上，到处都是匆匆赶路的行人。香港地少人多，公共交通网络完善，车辆24小时川流不息，香港的地下铁路、海底隧道都是世界最繁忙的交通网络之一。

香港人都有投资观念：艺人们永远是为了工作而不敢恋爱和休息；兼职和充电是工薪族的主要生活内容。

看电视是香港人的休闲方式，守着电视的以家庭主妇居多，人们更多时候忙得只好在路上听广播，于是这个城市的电台多达13个。在饮食方面，快节奏的香港人喜欢快餐。几乎每个香港市民都去过快餐店，香港的中西快餐店是中国城市中种类最齐全的。说到步行速度，在香港，交通绿灯时播放着马达的声音，每个路口总有一队人争先恐后等着过马路。

紧张工作之后，香港人需要一个放松的环境，这就是香港娱乐业发达的原因了。香港人对赛马狂热、痴迷，赛马活动的个人平均投注额是全球之冠。但香港赛马会不是商业机构,所有的钱都捐赠给慈善机关、教育及环保团体。现在也有很多香港人选择在假期去生活节奏相对较慢的内地或澳门放松心情。

## 一、根据短文内容,判断正误

( ) 1. 香港人的生活节奏非常快。
( ) 2. 香港人喜欢快餐,因为快餐很好吃。
( ) 3. 香港人有很多时间可以看电视。
( ) 4. 香港人走路总是争先恐后的。
( ) 5. 香港人在假期里会去内地游玩。

## 二、根据课文内容,回答问题

1. 香港的生活节奏非常快,请举例说明。
2. 香港人有哪些休闲娱乐方式?
3. 你喜欢香港的生活还是澳门的?为什么?

# 第二十九课

# 体育赛事与旅游

## 热点话题　Hot topics

1. 你认为体育比赛与旅游有关系吗？
2. 如果去某地观看大型比赛，你是否会顺便参观当地的名胜古迹？

## 课文　Text

体育旅游通常与某一项重大的体育赛事相联系。它要求的具体内容应该包括娱乐、时尚和运动等，还包括媒体的参与、赞助商的参与等。

从旅游的角度来讲，一些游客来到一个城市的目的就是看一场比赛的，奥运会就具备这样的吸引力，世界杯也一样。正是因为有这些大型的比赛，所以会吸引世界各个国家的人来到比赛所在的城市。这个赛事本身并不一定有利可图，但是由于赛事所带来的旅游业、服务业、餐饮业等产业的发展，会带来

## 第二十九课　体育赛事与旅游

丰厚的利润。例如北京奥运会期间，会有许多的旅游者来到北京，他们在这里住店、购物、观光旅游等，只要能够提供多样化产品和服务，就能得到多样化的旅游收入。有权威资料显示，每年美国人的总体消费中，体育消费高达260亿美元。在全球范围内，高尔夫旅游创造了190亿美元的收入，在爱尔兰由于高尔夫的这个体育旅游，他们也增加了收入。不论是在北京还是在亚洲，一年当中，游客通常在周末去高尔夫球场上打球。其实，不仅仅是在周末，而且在整个一年的48个星期当中都会增加旅游人数。

体育旅游必须制定一个详尽的旅游计划，并为你想吸引的人提供一系列的不同的服务，例如，在一年当中，可以设计若干种赛事，包括足球、篮球、高尔夫、时装表演等等。有了这些赛事的内容以后，还要注意与当地的一些机构、当地的一些媒体等进行合作，组成活动的组织委员会。只有这样，才能有效的推广这些赛事活动。只有不断扩大赛事的影响力，才能吸引更多的人来观看，才能使更多的人加入到旅游的队伍中去。

记者从安徽省有关方面获悉，安徽众多旅游景区今年都将利用体育赛事等平台，争取体育与旅游的双赢。

**练习** Exercises

一、快速阅读课文后，完成以下练习

（一）根据课文内容，选择正确答案

1. 下面哪个不是体育旅游包括的内容？
   A. 娱乐          B. 时尚
   C. 服装          D. 运动

2. 从旅游的角度来讲，一些游客来到一个城市的目的是什么？
   A. 购物          B. 观看一场比赛
   C. 观看风景      D. 参加比赛

3. 权威资料显示，每年美国人的总体消费中，体育消费高达多少？
   A. 200亿美元     B. 240亿美元
   C. 300亿美元     D. 260亿美元

4. 游客通常在什么时间去打高尔夫？
   A. 国庆节        B. 工作日
   C. 周末          D. 暑假

（二）根据课文内容，判断正误

（  ）1. 体育旅游通常与某一项重大的体育赛事相联系。

（  ）2. 只有奥运会才能带动旅游业的发展。

（  ）3. 体育赛事本身可以带来很高的利润。

（  ）4. 在全球范围内，高尔夫旅游创造了160亿美元的收入。

（  ）5. 只有不断扩大赛事的影响力，才能吸引更多的人来观看。

## 第二十九课　体育赛事与旅游

二、精读课文后，完成以下练习

（一）根据课文内容，选择画线词语在文中的意思

1. 这个赛事本身并不一定<u>有利可图</u>。
   - A. 可以看到实惠
   - B. 可以得到利润
   - C. 想贪图利益
   - D. 想谋求好处

2. 由于赛事所带来的旅游业、服务业、餐饮业等产业的发展，会带来<u>丰厚</u>的利润。
   - A. 巨大
   - B. 丰富
   - C. 富裕
   - D. 充足

3. 只要能够提供<u>多样化</u>产品和服务，就能得到多样化的旅游收入。
   - A. 式样多
   - B. 款式多
   - C. 内容多
   - D. 种类多

4. 体育旅游必须制定一个<u>详尽</u>的旅游计划。
   - A. 明白
   - B. 全部
   - C. 全面
   - D. 清楚

5. 众多旅游景区今年都将利用体育赛事等<u>平台</u>，争取体育与旅游的双赢。
   - A. 方法
   - B. 建筑
   - C. 场所
   - D. 条件

（二）根据课文内容，选择下列句子的正确解释

1. 这个赛事本身并不一定有利可图，但是由于赛事所带来的旅游业、服务业、餐饮业等产业的发展，会带来丰厚的利润。
   - A. 通过举办体育比赛，可以获得很高的利润。
   - B. 体育比赛所在地的餐饮业、服务业等可以获得很高的利润。
   - C. 体育比赛所在地的旅游业、服务业、餐饮业发展很快。
   - D. 举办体育比赛可以带动旅游业、服务业的发展而获得高利润。

2. 只要能够提供多样化产品和服务，就能得到多样化的旅游收入。
   - A. 产品和服务的种类很多，旅游产业发展很快。
   - B. 旅游收入增加得很快，旅游产品越来越多。

C. 增加产品和服务的种类可以增加旅游收入。

D. 服务业发展很快，旅游收入增加也快。

3. 有权威资料显示，每年美国人的总体消费中，体育消费高达260亿美元。

A. 美国人总体都很有钱。

B. 美国的经济发展很快。

C. 美国人的收入很高。

D. 美国人的体育消费很高。

4. 众多旅游景区今年都将利用体育赛事等平台，争取体育与旅游的双赢。

A. 很多旅游景区决定利用举办体育比赛的条件，推动旅游业发展。

B. 很多旅游景区认识到体育与旅游的关系，决定互相合作赢得利润。

C. 很多旅游景区希望从体育比赛中获取经验，从而发展旅游业。

D. 很多旅游景区利用体育与旅游的关系，双方已经赢得了胜利。

## 三、泛读课文后，完成以下练习

（一）下面哪一项和作者的观点不同

A. 正因为有大型比赛，才会吸引世界各国的人来到比赛所在的城市。

B. 每年美国人的总体消费中，体育消费占很高的比例。

C. 游客每个周末都会去打高尔夫球。

D. 吸引更多的人来观看比赛，也能使更多的人来旅游。

（二）根据课文内容，回答问题

1. 为什么体育赛事可以带动旅游业的发展？
2. 体育赛事可以带动哪些产业的发展？

## 生词 New words

1. 赛事　　　　　sàishì　　　　　　　game

## 第二十九课 体育赛事与旅游

| 2. 时尚 | shíshàng | fashion |
| 3. 参与 | cānyù | to participate in |
| 4. 赞助商 | zànzhù shāng | sponsor |
| 5. 丰厚 | fēnghòu | plentiful |
| 6. 利润 | lìrùn | profit |
| 7. 多样化 | duōyàng huà | variety of things |
| 8. 权威 | quánwēi | authority |
| 9. 显示 | xiǎnshì | to show |
| 10. 详尽 | xiángjìn | detailed |
| 11. 一系列 | yíxìliè | a series of |
| 12. 若干 | ruògān | several |
| 13. 时装 | shízhuāng | fashionable dress |
| 14. 机构 | jīgòu | institution |
| 15. 合作 | hézuò | to cooperate |
| 16. 有效 | yǒuxiào | effective |
| 17. 推广 | tuīguǎng | to spread; to promote |
| 18. 队伍 | duìwǔ | troop |
| 19. 获悉 | huòxī | to learn of an event |
| 20. 平台 | píngtái | terrace |
| 21. 双赢 | shuāngyíng | win-win |

## 专名 Proper nouns

1. 世界杯　　　　Shìjiè Bēi　　　　the World Cup
2. 爱尔兰　　　　Àiěrlán　　　　　Ireland

## 拓展阅读 Extended reading

### 奥运带来的商机

从各国举办奥运会的情况来看，奥运会对带动旅游业发展的作用是很明显的。

1992年巴塞罗那奥运会对旅游业的影响更是显而易见。奥运会不仅使巴塞罗那成为欧洲最具吸引力的海滨旅游城市之一，更使西班牙成为仅次于美国的第二大旅游国家。

2000年悉尼奥运会极大地带动了澳大利亚经济的发展。据统计，从1994年到2004年，澳大利亚海外游客增加了132万人，本地游客增加了17.4万人次。通过奥运，澳大利亚成为世界排名前十位的旅游度假胜地，澳大利亚旅游局局长白凯礼称，悉尼奥运会加速了澳大利亚旅游业的发展。

2004年的雅典奥运会使雅典再次成为游客向往的、最传统的而且设施良好的国际旅游目的地。2004年到2006年，希腊的国际旅游人数从1212万增加到1375万，旅游收入从103亿欧元增加到117亿欧元。

据北京市旅游局的统计，作为政治、商业、文化、旅游中心城市，北京从2001年至今国外旅客数量每年以7%的比例增加，2006年国外游客数量接近400万人次。奥运会后，由于北京自身生活、环境水平的整体提升，游客数量又有较大的逐年递增的趋势。北京奥运会也给中国的旅游业带来了无限商机。奥运会虽然只有十七天的时间，但来自世界各地的观众，成了中国这个庞大市场的消费主体。

## 练习 Exercises

### 一、根据短文内容，判断正误

（　）1. 奥运会可以带动经济的发展。
（　）2. 巴塞罗那奥运会使西班牙成为第一大旅游国。
（　）3. 从1994年到2004年，澳大利亚海外游客增加了122万人。
（　）4. 2006年北京国外游客数量接近400万人次。
（　）5. 北京奥运会给中国旅游业带来很多机会。

### 二、根据课文内容，回答问题

1. 2000年悉尼奥运会对澳大利亚有什么影响？
2. 为什么北京奥运会可以带动中国经济的发展？
3. 在你的国家举办过奥运会吗？

## 第三十课

# 农家乐

1. 你知道近年来出现了哪些新的旅游形式？
2. 你参加过农家乐这种旅游活动吗？

农家乐是新兴的旅游休闲形式，是农民向现代都市人提供的一种回归自然从而放松身心的旅游方式。

农家乐最初发源于四川成都附近的青城山、温江等地，后来发展到整个成都平原、四川盆地，直至全国。真正以"农家乐"命名的乡村旅游始于1987年在成都郊区一个乡村举办的桃花节。这次桃花节把农事活动、乡村田园风光、乡村民居、乡土民俗文化与现代旅游度假、休闲娱乐相结合，形成了一种全新的旅游形式。

# 第三十课　农家乐

　　一般来说，农家乐的<u>业主</u>利用对当地农产品的加工，满足客人的需要，成本比较低，因此消费不高。而且农家乐周围一般都是美丽的自然或田园风光，可以满足现代都市人的精神需要，因此受到很多城市年轻人的欢迎。

　　农家乐的发展，对<u>促进</u>农村旅游、加快农业市场化进程有良好的影响，同时也可以提高农民的收入。有些地方依靠本地农业资源，开发出"农家乐"品种系列，像湖南的衡山、昆明的团结乡等地的农家乐已逐渐形成了自己的品牌。农家乐发展起来后，游客带来的不仅仅是消费收入，还有产品信息和市场信息，为当地经济的发展提供了很好的机会。农家乐成为农民了解市场的"窗口"，成为连接城市和乡村的"桥梁"。各地游客为农村带来了新思想、新观念，使农民及时了解到市场信息，生产经营与市场需求相<u>接轨</u>。开办农家乐的农民经常到旅客中调查市场需求，然后有针对性地开展生产。有的开始种植"绿色蔬菜"，有的做起了农产品<u>深</u>加工的生意。

　　现在中国的农家乐仍以四川为主，该地区的农家乐共计1500多家。当地农家乐的服务水平也相当高，吸引着更多的游客来这里消费。

# 练习 Exercises

一、快速阅读课文后，完成以下练习

（一）根据课文内容，选择正确答案

1. 农家乐的消费水平不高的原因是什么？
   A. 农家乐提供的服务不好　　B. 农产品的成本比较低
   C. 农村的消费都很低　　　　D. 文中没有说原因

2. 下面哪个不是农家乐受到年轻人欢迎的原因？
   A. 农家乐消费不高　　　　　B. 农村有美丽的自然风光
   C. 年轻人不喜欢在城市旅行　D. 农村有美丽的田园风光

3. 下面哪个不是农家乐的发展带来的影响？
   A. 农产品的减少　　　　　　B. 农村旅游业的发展
   C. 农民收入的增加　　　　　D. 农业市场化的发展

4. 农家乐最初发源于什么地方？
   A. 上海　　　　　　　　　　B. 成都
   C. 北京　　　　　　　　　　D. 重庆

（二）根据课文内容，判断正误

（　）1. 农家乐是现代人回归自然的、放松身心的旅游休闲形式。

（　）2. 相对其他旅游方式来说，农家乐的消费水平很高。

（　）3. 农家乐很受老年人的欢迎。

（　）4. 农家乐对促进农村旅游、加快农业市场化进程有良好的影响。

（　）5. 现在中国的农家乐以云南为主。

## 第三十课 农家乐

**二、精读课文后，完成以下练习**

（一）根据课文内容，选择画线词语在文中的意思

1. 农家乐是<u>新兴</u>的旅游休闲形式。
   - A. 最新流行起来的
   - B. 最受欢迎的
   - C. 让人感兴趣的
   - D. 让人高兴的

2. 农家乐的<u>业主</u>利用对当地农产品的加工，满足客人的需要。
   - A. 主人
   - B. 老板
   - C. 旅客
   - D. 顾客

3. 农家乐的发展，对<u>促进</u>农村旅游、加快农业市场化进程有良好的影响。
   - A. 使……发展
   - B. 使……影响
   - C. 使……变化
   - D. 使……进步

4. 生产经营与市场需求相<u>接轨</u>。
   - A. 相加起来
   - B. 把轨道连接起来
   - C. 连在一起
   - D. 把两件事连接起来

5. 有的开始种植"绿色蔬菜"，有的做起农产品<u>深</u>加工的生意。
   - A. 使变多
   - B. 进一步
   - C. 使变复杂
   - D. 更深刻

（二）根据课文内容，选择下列句子的正确解释

1. 农家乐最初发源于四川成都附近的青城山、温江等地。
   - A. 农家乐最早出现在四川成都。
   - B. 农家乐最早出现在青城山。
   - C. 只有青城山、温江有农家乐。
   - D. 中国只有四川成都有农家乐。

2. 农家乐的发展，对促进农村旅游、加快农业市场化进程有良好的影响，同时也可以提高农民的收入。
   - A. 农家乐的发展除了促进农村旅游的发展外，并不产生其他影响。
   - B. 农家乐的发展对提高农民的收入、促进农村旅游等等都有好处。
   - C. 农家乐的发展对农业市场化有一定的影响和促进作用。

   D. 农家乐的发展虽然有许多好处，但是并不能提高农民的收入。
3. 农家乐成为农民了解市场的"窗口"，成为连接城市和乡村的"桥梁"。
   A. 游客通过农家乐可以了解农村的很多桥梁。
   B. 农家乐是游客了解农村发展的、有特色的窗口。
   C. 农民通过农家乐了解市场信息及城市的发展情况。
   D. 农家乐受欢迎是因为城里人可以更多了解农村。
4. 有的开始种植"绿色蔬菜"，有的做起了农产品深加工的生意。
   A. 有的农民开始种植绿色的蔬菜，有的开始加工农产品。
   B. 有的农民开始种植健康安全的蔬菜，有的开始加工农产品。
   C. 有的农民开始种植健康安全的蔬菜，有的开始进一步加工农产品。
   D. 有的农民开始种植绿色的蔬菜，有的开始进一步加工农产品。

### 三、泛读课文后，完成以下练习

（一）下面哪一项和作者的观点不同
   A. 农家乐是最近出现的比较新的旅游方式。
   B. 农家乐的消费水平不高。
   C. 城市里的人都很喜欢农家乐。
   D. 农家乐最早出现在四川。

（二）根据课文内容，回答问题
  1. 农家乐为什么受到很多城市年轻人的欢迎？
  2. 农家乐的发展对农村有什么影响？
  3. 农家乐起源于哪里？现在主要出现在什么地方？

生 词　　New words

1. 新兴　　　　　　xīnxīng　　　　　　　burgeoning

# 第三十课 农家乐

| | | | |
|---|---|---|---|
| 2. 休闲 | xiūxián | | leisure |
| 3. 回归 | huíguī | | to return |
| 4. 发源 | fāyuán | | to originate |
| 5. 盆地 | péndì | | basin |
| 6. 业主 | yèzhǔ | | proprietor |
| 7. 成本 | chéngběn | | cost |
| 8. 田园 | tiányuán | | countryside |
| 9. 促进 | cùjìn | | to promote |
| 10. 进程 | jìnchéng | | process |
| 11. 系列 | xìliè | | series |
| 12. 窗口 | chuāngkǒu | | window |
| 13. 观念 | guānniàn | | concept |
| 14. 需求 | xūqiú | | equirement |
| 15. 接轨 | jiēguǐ | | interconnecting with |
| 16. 深加工 | shēnjiāgōng | | deep processing; further processing |
| 17. 共计 | gòngjì | | to amount to |

## 专名  Proper nouns

| | | |
|---|---|---|
| 1. 成都 | Chéngdū | *capital of Sichuan province* |
| 2. 青城山 | Qīngchéng Shān | *Qingcheng Mountain* |
| 3. 温江 | Wēnjiāng | *name of a place in Sichuan province* |

| | | |
|---|---|---|
| 4. 桃花节 | Táohuā Jié | Peach Flower Festival |
| 5. 湖南 | Húnán | name of a province in China |
| 6. 昆明 | Kūnmíng | capital of Yunnan province |
| 7. 团结乡 | Tuánjié Xiāng | name of a place in Yunnan province |

## 拓展阅读　Extended reading

### 红色生态游

说起红色旅游，大家首先会想到井冈山。江西井冈山是中国革命的摇篮。1927年毛泽东、朱德在这里创立伟业，将红色火种点燃，中国革命从这里走向了胜利。

近年来，"红色旅游"成了井冈山上旅游的特色。让游客重新体验"走一段红军小路，唱一首红军歌谣，吃一餐红米饭、南瓜汤红军套餐，听一个革命故事，做一回红军战士"的感觉，亲自体会当年的革命岁月。目前井冈山有保存完好的革命遗址达100多处，其中21处被列为全国重点文物保护单位，6处被列为省级重点文物保护单位。改革开放以来，井冈山先后接待来自150多个国家和地区的国际友人和国内游客3000万人次。

大安是另一处红色旅游景点区。福建武夷山大安源景区森林旅游红火，促进了住宿、餐饮、购物等其他行业的发展，同时也带动了农产品、土特产的销售。大安村民种植的玉米、地瓜、马铃薯、南瓜等成为游客喜爱的食品；红菇、香菇、木耳、笋干、白莲等土特产也卖得很好。很多旅客都认为，红色生态旅游不仅可以通过旅游了解历史、文化；同时在大森林里旅游，呼吸新鲜空气，吃着"绿色"农产品，对身体健康也有很多好处。所以红色生态游越来越受到人们的欢迎。

## 注 释

"红色旅游"：是指旅游者参观中国革命纪念地的旅游活动，以学习革命精神、接受革命传统教育、放松身心、增加阅历为目的。

## 一、根据短文内容，判断正误

（　）1. 江西井冈山是中国革命的摇篮。

（　）2. 只有井冈山有"红色旅游"景点。

（　）3. 目前井冈山有保存完好的革命遗址达1000多处。

（　）4. 大安村的农产品、土特产游客们都非常喜欢。

（　）5. 红色生态游有益身心健康，越来越受游客欢迎。

## 二、根据课文内容，回答问题

1. 红色生态游和农家乐有什么不一样？

2. 你参加过红色生态游吗？

3. 红色生态游为什么越来越受欢迎？

## 阅读小技巧　　Reading skills

### 阅读测试的技巧

　　一般说来，阅读可以分为"细读"、"略读"和"查读"三种。

　　做阅读题时，第一遍可略读，即在阅读的过程中有意识地省略某些次要部分，突出文中的开头、结尾两段及每段的首尾句，以便迅速地了解文章的大概意思和中心内容。经过"略读"后，接着可进行"查读"，即根据设置的题目可以缩小阅读的范围，重点寻找与做题有关的信息和内容，省略无关的部分。最后，对于不能很好理解的部分，则可以采取"细读"的办法，即对有关的部分逐段逐句仔细阅读，弄清句子与句子之间的逻辑关系，对重要的词语深入思考以求较准确的理解，做到既弄清字面的意思，也能理解词语内在的含义。

　　总之，我们要善于针对不同的阅读目的，采取适当的阅读方法，而不能千篇一律地只用一种方式阅读。

# 附录一：练习参考答案

## 第一课

一 （一）1. B　　2. A　　3. D　　4. D
　（二）1. √　　2. ×　　3. ×　　4. ×　　5. √
二 （一）1. C　　2. B　　3. D　　4. B　　5. A
　（二）1. A　　2. D　　3. B　　4. C
三 （一）D
拓展阅读 1. ×　　2. √　　3. √　　4. ×　　5. ×

## 第二课

一 （一）1. B　　2. C　　3. D　　4. A
　（二）1. √　　2. ×　　3. √　　4. ×　　5. √
二 （一）1. B　　2. A　　3. B　　4. C　　5. A
　（二）1. D　　2. A　　3. B　　4. A
三 （一）C
拓展阅读 1. ×　　2. √　　3. ×　　4. ×　　5. √

## 第三课

一 （一）1. C　　2. D　　3. B　　4. A
　（二）1. √　　2. ×　　3. ×　　4. √　　5. √
二 （一）1. C　　2. B　　3. A　　4. D　　5. A
　（二）1. C　　2. B　　3. D　　4. A
三 （一）D
拓展阅读 1. ×　　2. ×　　3. √　　4. √　　5. ×

## 第四课

一 （一）1. A　　2. B　　3. B　　4. D
　（二）1. ×　　2. √　　3. ×　　4. √　　5. ×
二 （一）1. B　　2. D　　3. A　　4. B　　5. D

（二）1. D　　2. A　　3. B　　4. B

三（一）C

拓展阅读 1. ×　　2. √　　3. ×　　4. √　　5. ×

## 第五课

一（一）1. C　　2. B　　3. B　　4. A

　（二）1. ×　　2. √　　3. ×　　4. ×　　5. √

二（一）1. B　　2. A　　3. C　　4. A　　5. D　　6. B

　（二）1. A　　2. B　　3. C　　4. C

三（一）B

拓展阅读 1. √　　2. √　　3. ×　　4. ×　　5. √

## 第六课

一（一）1. A　　2. C　　3. D　　4. D

　（二）1. ×　　2. √　　3. √　　4. ×　　5. ×

二（一）1. B　　2. C　　3. A　　4. B　　5. D

　（二）1. C　　2. D　　3. B　　4. A

三（一）A

拓展阅读 1. ×　　2. √　　3. √　　4. ×　　5. √

## 第七课

一（一）1. B　　2. D　　3. A　　4. D

　（二）1. ×　　2. √　　3. ×　　4. ×　　5. √

二（一）1. C　　2. A　　3. B　　4. D　　5. C　　6. B

　（二）1. C　　2. B　　3. A　　4. C

三（一）C

拓展阅读 1. √　　2. ×　　3. √　　4. ×　　5. √

## 第八课

一（一）1. C　　2. B　　3. A　　4. B

　（二）1. √　　2. ×　　3. √　　4. ×　　5. √

二（一）1. C　　2. A　　3. C　　4. A　　5. B　　6. D

　（二）1. B　　2. D　　3. A　　4. B

三 （一） B
拓展阅读 1. ×　　2. √　　3. ×　　4. ×　　5. ×

## 第九课

一 （一） 1. C　　2. A　　3. C　　4. B
　（二） 1. ×　　2. √　　3. √　　4. ×　　5. ×
二 （一） 1. C　　2. C　　3. B　　4. A　　5. A
　（二） 1. C　　2. B　　3. C　　4. D
三 （一） A
拓展阅读 1. ×　　2. √　　3. √　　4. ×　　5. ×

## 第十课

一 （一） 1. D　　2. D　　3. C　　4. A
　（二） 1. ×　　2. √　　3. √　　4. ×　　5. √
二 （一） 1. B　　2. C　　3. A　　4. B　　5. D　　6. A
　（二） 1. C　　2. A　　3. C　　4. D
三 （一） D
拓展阅读 1. √　　2. ×　　3. √　　4. √　　5. ×

## 第十一课

一 （一） 1. B　　2. D　　3. D　　4. C　　5. C
　（二） 1. ×　　2. √　　3. ×　　4. √　　5. ×
二 （一） 1. A　　2. B　　3. B　　4. A　　5. C
　（二） 1. C　　2. B　　3. A　　4. C
三 （一） C
拓展阅读 1. ×　　2. √　　3. ×　　4. ×　　5. √

## 第十二课

一 （一） 1. A　　2. B　　3. B　　4. C
　（二） 1. √　　2. ×　　3. ×　　4. √　　5. √
二 （一） 1. A　　2. C　　3. B　　4. C　　5. A
　（二） 1. D　　2. B　　3. D　　4. C

三　(一) D

拓展阅读 1. ×　　2. √　　3. √　　4. ×　　5. √

### 第十三课

一　(一) 1. D　　2. A　　3. B　　4. D
　　(二) 1. ×　　2. √　　3. √　　4. ×　　5. ×

二　(一) 1. A　　2. B　　3. C　　4. A　　5. C　　6. D
　　(二) 1. D　　2. B　　3. C　　4. B

三　(一) C

拓展阅读 1. √　　2. √　　3. ×　　4. ×　　5. √

### 第十四课

一　(一) 1. A　　2. C　　3. B　　4. C
　　(二) 1. ×　　2. √　　3. √　　4. ×　　5. ×

二　(一) 1. B　　2. A　　3. B　　4. A　　5. D
　　(二) 1. A　　2. C　　3. A　　4. B

三　(一) A

拓展阅读 1. ×　　2. √　　3. √　　4. ×　　5. √

### 第十五课

一　(一) 1. B　　2. C　　3. A　　4. D
　　(二) 1. √　　2. ×　　3. ×　　4. √　　5. ×

二　(一) 1. B　　2. D　　3. D　　4. A　　5. B
　　(二) 1. A　　2. C　　3. D　　4. C

三　(一) D

拓展阅读 1. ×　　2. √　　3. ×　　4. √　　5. √

### 第十六课

一　(一) 1. C　　2. B　　3. D　　4. B
　　(二) 1. √　　2. ×　　3. √　　4. √　　5. ×

二　(一) 1. A　　2. B　　3. D　　4. A　　5. A　　6. C
　　(二) 1. A　　2. C　　3. A　　4. B

## 附录一：练习参考答案

三 （一）D

拓展阅读 1. ×　　2. √　　3. √　　4. ×　　5. ×

### 第十七课

一 （一）1. C　　2. B　　3. A　　4. D
　（二）1. ×　　2. ×　　3. √　　4. √　　5. √

二 （一）1. A　　2. D　　3. C　　4. A　　5. B　　6. C
　（二）1. A　　2. C　　3. D　　4. A

三 （一）B

拓展阅读 1. √　　2. √　　3. ×　　4. ×　　5. √

### 第十八课

一 （一）1. C　　2. C　　3. B　　4. D
　（二）1. ×　　2. ×　　3. √　　4. ×　　5. ×

二 （一）1. A　　2. C　　3. B　　4. A　　5. B
　（二）1. D　　2. A　　3. C　　4. B

三 （一）B

拓展阅读 1. √　　2. ×　　3. √　　4. ×　　5. ×

### 第十九课

一 （一）1. D　　2. D　　3. C　　4. A
　（二）1. √　　2. √　　3. ×　　4. ×　　5. ×

二 （一）1. B　　2. A　　3. C　　4. B　　5. A
　（二）1. B　　2. D　　3. C　　4. B

三 （一）B

拓展阅读 1. √　　2. ×　　3. ×　　4. √　　5. √

### 第二十课

一 （一）1. C　　2. D　　3. B　　4. D
　（二）1. √　　2. √　　3. ×　　4. ×　　5. √

二 （一）1. C　　2. A　　3. B　　4. D　　5. A
　（二）1. A　　2. B　　3. C　　4. D

三 （一）D
拓展阅读 1. ×   2. ×   3. √   4. √   5. ×

## 第二十一课

一 （一）1. D   2. A   3. C   4. A
　（二）1. ×   2. ×   3. √   4. ×   5. √
二 （一）1. A   2. C   3. B   4. A   5. C
　（二）1. A   2. B   3. D   4. B
三 （一）B
拓展阅读 1. ×   2. √   3. √   4. ×   5. ×

## 第二十二课

一 （一）1. C   2. D   3. B   4. A
　（二）1. ×   2. √   3. √   4. ×   5. ×
二 （一）1. B   2. A   3. C   4. A   5. C   6. D
　（二）1. D   2. A   3. B   4. C
三 （一）B
拓展阅读 1. √   2. ×   3. ×   4. ×   5. √

## 第二十三课

一 （一）1. C   2. B   3. B   4. D
　（二）1. √   2. ×   3. √   4. √   5. ×
二 （一）1. D   2. B   3. C   4. D   5. A   6. A
　（二）1. A   2. D   3. C   4. A
三 （一）C
拓展阅读 1. ×   2. √   3. ×   4. √   5. √

## 第二十四课

一 （一）1. A   2. B   3. D   4. D
　（二）1. √   2. ×   3. √   4. √   5. ×
二 （一）1. C   2. B   3. D   4. B   5. A   6. A
　（二）1. B   2. A   3. C   4. D

附录一：练习参考答案

三　（一）C
拓展阅读　1. √　　2. ×　　3. ×　　4. √　　5. √

## 第二十五课

一　（一）1. B　　2. A　　3. B　　4. B
　　（二）1. √　　2. ×　　3. ×　　4. √　　5. √
二　（一）1. A　　2. B　　3. C　　4. D　　5. A　　6. C
　　（二）1. B　　2. D　　3. B　　4. A
三　（一）B
拓展阅读　1. ×　　2. √　　3. ×　　4. √　　5. ×

## 第二十六课

一　（一）1. A　　2. D　　3. B　　4. B
　　（二）1. √　　2. ×　　3. √　　4. ×　　5. ×
二　（一）1. C　　2. A　　3. B　　4. D　　5. D
　　（二）1. D　　2. C　　3. A　　4. D
三　（一）B
拓展阅读　1. ×　　2. √　　3. ×　　4. √　　5. √

## 第二十七课

一　（一）1. D　　2. C　　3. B　　4. D
　　（二）1. √　　2. ×　　3. ×　　4. ×　　5. √
二　（一）1. C　　2. A　　3. D　　4. A　　5. D　　6. A
　　（二）1. A　　2. D　　3. C　　4. A
三　（一）C
拓展阅读　1. √　　2. ×　　3. √　　4. ×　　5. ×

## 第二十八课

一　（一）1. B　　2. A　　3. D　　4. D
　　（二）1. √　　2. ×　　3. √　　4. ×　　5. ×
二　（一）1. A　　2. C　　3. D　　4. C　　5. A
　　（二）1. B　　2. C　　3. D　　4. B

265

三 (一) C

拓展阅读 1. √　　　2. ×　　　3. ×　　　4. √　　　5. √

## 第二十九课

一 (一) 1. C　　　2. B　　　3. D　　　4. C

　　(二) 1. √　　　2. ×　　　3. ×　　　4. ×　　　5. √

二 (一) 1. B　　　2. A　　　3. D　　　4. C　　　5. D

　　(二) 1. D　　　2. C　　　3. D　　　4. B

三 (一) C

拓展阅读 1. √　　　2. ×　　　2. ×　　　4. √　　　5. √

## 第三十课

一 (一) 1. B　　　2. C　　　3. A　　　4. B

　　(二) 1. √　　　2. ×　　　3. ×　　　4. √　　　5. ×

二 (一) 1. A　　　2. B　　　3. A　　　4. D　　　5. B

　　(二) 1. A　　　2. B　　　3. C　　　4. C

三 (一) C

拓展阅读 1. √　　　2. ×　　　3. ×　　　4. √　　　5. √

# 附录二：词汇总表

本词汇表以音序排列，每个词汇后面的数字表示第一次出现的课次。

| | A | |
|---|---|---|
| 安装 | ānzhuāng | 18 |
| 昂贵 | ángguì | 21 |

| | B | |
|---|---|---|
| 把握 | bǎwò | 10 |
| 白领 | báilǐng | 18 |
| 摆渡 | bǎidù | 12 |
| 摆脱 | bǎituō | 24 |
| 班车 | bānchē | 26 |
| 颁布 | bānbù | 13 |
| 斑马线 | bānmǎxiàn | 28 |
| 办理 | bànlǐ | 4 |
| 伴侣 | bànlǚ | 16 |
| 褒义 | bāoyì | 14 |
| 保留 | bǎoliú | 18 |
| 保修 | bǎoxiū | 21 |
| 保障 | bǎozhàng | 9 |
| 保证 | bǎozhèng | 8 |
| 本能 | běnnéng | 10 |
| 荸荠 | bíqí | 13 |
| 彼此 | bǐcǐ | 10 |
| 必需品 | bìxūpǐn | 7 |
| 壁 | bì | 20 |
| 壁炉 | bìlú | 12 |
| 避免 | bìmiǎn | 15 |
| 避暑 | bìshǔ | 25 |
| 边缘 | biānyuán | 23 |
| 贬义 | biǎnyì | 14 |
| 辨别 | biànbié | 24 |
| 博彩 | bócǎi | 28 |
| 捕捉 | bǔzhuō | 12 |
| 不卑不亢 | bù bēi bú kàng | 10 |
| 不可或缺 | bù kě huò quē | 13 |
| 不虚此行 | bù xū cǐ xíng | 2 |
| 不宜 | bùyí | 27 |
| 不足 | bùzú | 21 |
| 布局 | bùjú | 19 |
| 部门 | bùmén | 28 |

| | C | |
|---|---|---|
| 材料 | cáiliào | 1 |
| 采集 | cǎijí | 15 |
| 采取 | cǎiqǔ | 23 |
| 彩头 | cǎitóu | 14 |
| 菜系 | càixì | 8 |
| 参与 | cānyù | 29 |
| 餐具 | cānjù | 7 |
| 操心 | cāo xīn | 2 |
| 草场 | cǎochǎng | 25 |
| 层次 | céngcì | 20 |
| 查询 | cháxún | 9 |

267

| | | | | | | |
|---|---|---|---|---|---|---|
| 差别 | chābié | 6 | | 粗犷 | cūguǎng | 6 |
| 场馆 | chǎngguǎn | 9 | | 促进 | cùjìn | 30 |
| 场合 | chǎnghé | 14 | | 促使 | cùshǐ | 22 |
| 场面 | chǎngmiàn | 28 | | 存 | cún | 4 |
| 刹那间 | chànàjiān | 12 | | 措施 | cuòshī | 23 |
| 陈列 | chénliè | 12 | | **D** | | |
| 成本 | chéngběn | 30 | | 搭配 | dāpèi | 8 |
| 成果 | chéngguǒ | 22 | | 打蛋器 | dǎdànqì | 7 |
| 成群 | chéngqún | 25 | | 打猎 | dǎliè | 25 |
| 成双成对 | chéng shuāng chéng duì | 7 | | 打折 | dǎzhé | 4 |
| 程度 | chéngdù | 2 | | 大漠 | dàmò | 26 |
| 驰名中外 | chímíng zhōngwài | 5 | | 大男子主义 | dànánzǐ zhǔyì | 10 |
| 充足 | chōngzú | 3 | | 大致 | dàzhì | 19 |
| 崇拜 | chóngbài | 16 | | 代价 | dàijià | 23 |
| 抽样 | chōuyàng | 2 | | 带领 | dàilǐng | 3 |
| 出差 | chūchāi | 7 | | 担负 | dānfù | 13 |
| 出名 | chūmíng | 26 | | 担忧 | dānyōu | 24 |
| 除夕 | chúxī | 6 | | 胆固醇 | dǎngùchún | 5 |
| 触动 | chùdòng | 12 | | 但愿 | dànyuàn | 16 |
| 触目 | chùmù | 12 | | 淡季 | dànjì | 4 |
| 传播 | chuánbō | 1 | | 蛋白质 | dànbáizhì | 5 |
| 传说 | chuánshuō | 1 | | 当地 | dāngdì | 25 |
| 传统 | chuántǒng | 16 | | 档次 | dàngcì | 4 |
| 传销 | chuánxiāo | 24 | | 导航 | dǎoháng | 23 |
| 窗口 | chuāngkǒu | 30 | | 倒影 | dàoyǐng | 20 |
| 纯粹 | chúncuì | 12 | | 倒映 | dàoyìng | 20 |
| 匆忙 | cōngmáng | 1 | | 道（出） | dào (chū) | 13 |
| 葱 | cōng | 5 | | 登录 | dēnglù | 21 |

## 附录二：词汇总表

| | | |
|---|---|---|
| 低估 | dīgū | 17 |
| 地理 | dìlǐ | 6 |
| 地区 | dìqū | 6 |
| 地毯 | dìtǎn | 25 |
| 典当行 | diǎndàngháng | 28 |
| 典故 | diǎngù | 1 |
| 点菜 | diǎn cài | 8 |
| 点燃 | diǎnrán | 23 |
| 雕刻 | diāokè | 28 |
| 顶端 | dǐngduān | 7 |
| 独特 | dútè | 5 |
| 独一无二 | dú yī wú èr | 28 |
| 杜鹃花 | dùjuānhuā | 27 |
| 队伍 | duìwǔ | 29 |
| 对比 | duìbǐ | 19 |
| 对待 | duìdài | 10 |
| 对联 | duìlián | 16 |
| 蹲 | dūn | 11 |
| 炖 | dùn | 6 |
| 多样化 | duōyànghuà | 29 |

**F**

| | | |
|---|---|---|
| 发票 | fāpiào | 21 |
| 发源 | fāyuán | 30 |
| 发源地 | fāyuándì | 7 |
| 法规 | fǎguī | 24 |
| 烦恼 | fánnǎo | 25 |
| 反而 | fǎn'ér | 5 |
| 反映 | fǎnyìng | 22 |

| | | |
|---|---|---|
| 方式 | fāngshì | 2 |
| 防晒 | fángshài | 3 |
| 防晒霜 | fángshàishuāng | 3 |
| 防水 | fángshuǐ | 1 |
| 房地产 | fángdìchǎn | 18 |
| 仿佛 | fǎngfú | 20 |
| 放弃 | fàngqì | 22 |
| 放松 | fàngsōng | 18 |
| 费用 | fèiyòng | 8 |
| 分离 | fēnlí | 16 |
| 分明 | fēnmíng | 17 |
| 丰厚 | fēnghòu | 29 |
| 风华正茂 | fēng huá zhèng mào | 12 |
| 风沙 | fēngshā | 17 |
| 风俗 | fēngsú | 15 |
| 封闭 | fēngbì | 19 |
| 烽火台 | fēnghuǒtái | 26 |
| 奉献 | fèngxiàn | 23 |
| 否定 | fǒudìng | 24 |
| 府邸 | fǔdǐ | 19 |
| 付出 | fùchū | 23 |
| 富余 | fùyu | 1 |

**G**

| | | |
|---|---|---|
| 干燥 | gānzào | 26 |
| 高档 | gāodàng | 10 |
| 高速 | gāosù | 14 |
| 戈壁 | gēbì | 26 |
| 隔绝 | géjué | 19 |

| 个性 | gèxìng | 7 |
| --- | --- | --- |
| 工薪 | gōngxīn | 2 |
| 公布 | gōngbù | 20 |
| 公平 | gōngpíng | 11 |
| 功能 | gōngnéng | 5 |
| 恭敬 | gōngjìng | 10 |
| 共计 | gòngjì | 30 |
| 沟通 | gōutōng | 9 |
| 篝火 | gōuhuǒ | 25 |
| 购物 | gòuwù | 21 |
| 孤独 | gūdú | 13 |
| 雇人 | gùrén | 11 |
| 观念 | guānniàn | 30 |
| 观赏 | guānshǎng | 27 |
| 官衙 | guānyá | 19 |
| 规范 | guīfàn | 24 |
| 规模 | guīmó | 20 |
| 贵族 | guìzú | 2 |

**H**

| 海拔 | hǎibá | 3 |
| --- | --- | --- |
| 海滨 | hǎibīn | 28 |
| 海鲜 | hǎixiān | 3 |
| 害虫 | hàichóng | 15 |
| 含金量 | hánjīnliàng | 26 |
| 含义 | hányì | 14 |
| 航站楼 | hángzhànlóu | 9 |
| 行列 | hángliè | 22 |
| 耗 | hào | 3 |

| 禾苗 | hémiáo | 15 |
| --- | --- | --- |
| 合理 | hélǐ | 8 |
| 合作 | hézuò | 29 |
| 河流 | héliú | 25 |
| 核心 | héxīn | 13 |
| 后勤 | hòuqín | 9 |
| 厚重 | hòuzhòng | 13 |
| 湖泊 | húpō | 25 |
| 花生 | huāshēng | 14 |
| 滑雪 | huáxuě | 25 |
| 划算 | huásuàn | 4 |
| 怀疑 | huáiyí | 24 |
| 环境 | huánjìng | 6 |
| 荒废 | huāngfèi | 24 |
| 黄昏 | huánghūn | 4 |
| 回归 | huíguī | 30 |
| 会计 | kuàijì | 22 |
| 荤 | hūn | 8 |
| 火爆 | huǒbào | 28 |
| 或许 | huòxǔ | 12 |
| 货比三家 | huò bǐ sān jiā | 4 |
| 获悉 | huòxī | 29 |

**J**

| 机构 | jīgòu | 29 |
| --- | --- | --- |
| 机关 | jīguān | 7 |
| 积聚 | jījù | 13 |
| 激烈 | jīliè | 22 |
| 激情 | jīqíng | 28 |

附录二：词汇总表

| | | | | | |
|---|---|---|---|---|---|
| 吉利 | jílì | 14 | 尽管 | jǐnguǎn | 15 |
| 吉祥 | jíxiáng | 7 | 尽量 | jǐnliàng | 4 |
| 即使 | jíshǐ | 17 | 进程 | jìnchéng | 30 |
| 疾病 | jíbìng | 3 | 经历 | jīnglì | 21 |
| 纪念 | jìniàn | 15 | 经受 | jīngshòu | 11 |
| 忌 | jì | 14 | 经营 | jīngyíng | 10 |
| 忌口 | jìkǒu | 8 | 精美 | jīngměi | 7 |
| 技能 | jìnéng | 22 | 精心 | jīngxīn | 4 |
| 技巧 | jìqiǎo | 8 | 景区 | jǐngqū | 26 |
| 寄托 | jìtuō | 16 | 竞争 | jìngzhēng | 22 |
| 祭 | jì | 15 | 境遇 | jìngyù | 11 |
| 加强 | jiāqiáng | 22 | 居民 | jūmín | 19 |
| 加入 | jiārù | 18 | 居住 | jūzhù | 19 |
| 家家户户 | jiājiāhùhù | 6 | 鞠躬 | jūgōng | 10 |
| 价值观 | jiàzhíguān | 11 | 举办 | jǔbàn | 25 |
| 假期 | jiàqī | 26 | 举世闻名 | jǔshì wénmíng | 12 |
| 肩负 | jiānfù | 9 | 剧烈 | jùliè | 27 |
| 兼职 | jiānzhí | 24 | 聚 | jù | 13 |
| 健壮 | jiànzhuàng | 25 | 聚会 | jùhuì | 8 |
| 降低 | jiàngdī | 5 | 卷 | juǎn | 5 |
| 酱油 | jiàngyóu | 5 | 角色 | juésè | 24 |
| 叫喊 | jiàohǎn | 23 | | K | |
| 接轨 | jiēguǐ | 30 | 开端 | kāiduān | 15 |
| 节奏 | jiézòu | 28 | 开阔 | kāikuò | 2 |
| 结合 | jiéhé | 6 | 开启 | kāiqǐ | 12 |
| 结实 | jiēshi | 1 | 开展 | kāizhǎn | 9 |
| 解 | jiě | 5 | 开支 | kāizhī | 1 |
| 金牌 | jīnpái | 5 | 看好 | kànhǎo | 10 |

| | | | | | |
|---|---|---|---|---|---|
| 考察 | kǎochá | 27 | 利弊 | lìbì | 24 |
| 考验 | kǎoyàn | 11 | 利润 | lìrùn | 29 |
| 靠 | kào | 22 | 恋爱 | liànài | 16 |
| 可见 | kějiàn | 6 | 凉爽 | liángshuǎng | 17 |
| 可行 | kěxíng | 18 | 辽阔 | liáokuò | 16 |
| 克服 | kèfú | 3 | 烈日 | lièrì | 3 |
| 刻 | kè | 7 | 领班 | lǐngbān | 8 |
| 刻意 | kèyì | 3 | 领域 | lǐngyù | 14 |
| 客厅 | kètīng | 19 | 令人向往 | lìngrén xiàngwǎng | 3 |
| 啃 | kěn | 5 | 流动 | liúdòng | 20 |
| 空调 | kōngtiáo | 18 | 流行 | liúxíng | 18 |
| 口味 | kǒuwèi | 6 | 留意 | liúyì | 4 |
| 宽敞 | kuānchǎng | 12 | 漏洞 | lòudòng | 24 |
| 宽阔 | kuānkuò | 18 | 路况 | lùkuàng | 27 |
| 扩展 | kuòzhǎn | 24 | 路线 | lùxiàn | 4 |
| **L** | | | 屡次 | lǚcì | 24 |
| 拉家常 | lā jiācháng | 11 | 律师 | lǜshī | 22 |
| 啦啦队 | lālāduì | 9 | 伦理 | lúnlǐ | 13 |
| 辣 | là | 5 | 轮廓 | lúnkuò | 20 |
| 来历 | láilì | 25 | **M** | | |
| 浪漫 | làngmàn | 2 | 抹布 | mābù | 11 |
| 勒勒车 | lèlèchē | 25 | 满月 | mǎnyuè | 7 |
| 冷菜 | lěngcài | 8 | 盲目 | mángmù | 22 |
| 冷却 | lěngquè | 22 | 茫茫 | mángmáng | 26 |
| 礼品 | lǐpǐn | 7 | 没准儿 | méi zhǔnr | 21 |
| 理论 | lǐlùn | 24 | 媒体 | méitǐ | 25 |
| 理想 | lǐxiǎng | 27 | 美好 | měihǎo | 16 |
| 历来 | lìlái | 20 | 美妙 | měimiào | 25 |

| | | |
|---|---|---|
| 美名 | měimíng | 6 |
| 门市价 | ménshìjià | 4 |
| 盟誓 | méngshì | 16 |
| 朦胧 | ménglóng | 20 |
| 蒙古包 | měnggǔbāo | 25 |
| 觅 | mì | 12 |
| 免得 | miǎnde | 26 |
| 面 | miàn | 6 |
| 描写 | miáoxiě | 27 |
| 民间 | mínjiān | 7 |
| 名副其实 | míng fù qí shí | 25 |
| 模式 | móshì | 24 |
| 抹 | mǒ | 5 |
| 墨镜 | mòjìng | 3 |

**N**

| | | |
|---|---|---|
| 耐心 | nàixīn | 27 |
| 内在 | nèizài | 18 |
| 泥石流 | níshíliú | 27 |
| 年年有余 | nián nián yǒuyú | 6 |
| 年夜饭 | niányèfàn | 6 |
| 宁静 | níngjìng | 27 |
| 凝固 | nínggù | 23 |
| 浓厚 | nónghòu | 15 |

**O**

| | | |
|---|---|---|
| 偶尔 | ǒuěr | 11 |

**P**

| | | |
|---|---|---|
| 牌照 | páizhào | 14 |
| 盼 | pàn | 23 |

| | | |
|---|---|---|
| 培养 | péiyǎng | 22 |
| 佩服 | pèifu | 22 |
| 配 | pèi | 18 |
| 盆地 | péndì | 30 |
| 膨胀 | péngzhàng | 28 |
| 皮蛋 | pídàn | 14 |
| 疲劳 | píláo | 23 |
| 偏（冷） | piānlěng | 17 |
| 品尝 | pǐncháng | 26 |
| 品牌 | pǐnpái | 18 |
| 平和 | pínghé | 10 |
| 平台 | píngtái | 29 |
| 评价 | píngjià | 22 |
| 评选 | píngxuǎn | 25 |
| 凭 | píng | 10 |
| 凭借 | píngjiè | 12 |
| 凭证 | píngzhèng | 21 |
| 铺 | pū | 12 |
| 铺垫 | pūdiàn | 24 |
| 朴素 | pǔsù | 19 |

**Q**

| | | |
|---|---|---|
| 期间 | qījiān | 17 |
| 齐全 | qíquán | 13 |
| 祈求 | qíqiú | 16 |
| 起伏 | qǐfú | 26 |
| 起源 | qǐyuán | 16 |
| 恰当 | qiàdàng | 12 |
| 前提 | qiántí | 3 |

| | | |
|---|---|---|
| 强烈 | qiángliè | 3 |
| 抢手 | qiǎngshǒu | 14 |
| 巧 | qiǎo | 27 |
| 亲情 | qīnqíng | 13 |
| 亲人 | qīnrén | 7 |
| 侵蚀 | qīnshí | 20 |
| 轻易 | qīngyì | 3 |
| 清晨 | qīngchén | 20 |
| 清淡 | qīngdàn | 6 |
| 清晰 | qīngxī | 20 |
| 清新 | qīngxīn | 25 |
| 情侣 | qínglǚ | 25 |
| 屈 | qū | 10 |
| 趋势 | qūshì | 24 |
| 取消 | qǔxiāo | 14 |
| 全民 | quánmín | 1 |
| 全羊宴 | quányángyàn | 25 |
| 权威 | quánwēi | 29 |
| 确定 | quèdìng | 13 |
| 确立 | quèlì | 13 |

## R

| | | |
|---|---|---|
| 热菜 | rècài | 8 |
| 人头攒动 | rén tóu cuándòng | 28 |
| 人文景观 | rénwén jǐngguān | 26 |
| 日出 | rìchū | 17 |
| 融洽 | róngqià | 19 |
| 柔和 | róuhé | 16 |
| 如期 | rúqī | 21 |

| | | |
|---|---|---|
| 若 | ruò | 17 |
| 若干 | ruògān | 29 |

## S

| | | |
|---|---|---|
| 赛事 | sàishì | 29 |
| 扫兴 | sǎoxìng | 14 |
| 沙滩 | shātān | 3 |
| 沙质 | shāzhì | 26 |
| 山顶 | shāndǐng | 17 |
| 山岳 | shānyuè | 26 |
| 善良 | shànliáng | 11 |
| 膳食纤维 | shànshí xiānwéi | 5 |
| 伤脑筋 | shāng nǎojīn | 4 |
| 商议 | shāngyì | 4 |
| 上网 | shàng wǎng | 8 |
| 设想 | shèxiǎng | 11 |
| 涉及 | shèjí | 14 |
| 伸 | shēn | 10 |
| 深加工 | shēnjiāgōng | 30 |
| 神秘 | shénmì | 3 |
| 神奇 | shénqí | 17 |
| 生平 | shēngpíng | 1 |
| 生态 | shēngtài | 27 |
| 生肖 | shēngxiào | 7 |
| 盛产 | shèngchǎn | 25 |
| 圣诞节 | Shèngdàn Jié | 7 |
| 胜任 | shèngrèn | 24 |
| 湿润 | shīrùn | 26 |
| 时尚 | shíshàng | 29 |

## 附录二：词汇总表

| | | |
|---|---|---|
| 时装 | shízhuāng | 29 |
| 实惠 | shíhuì | 2 |
| 实际 | shíjì | 15 |
| 实行 | shíxíng | 1 |
| 世纪 | shìjì | 27 |
| 世外桃源 | shì wài Táoyuán | 27 |
| 视 | shì | 16 |
| 收获 | shōuhuò | 1 |
| 手续 | shǒuxù | 4 |
| 首府 | shǒufǔ | 26 |
| 熟练 | shúliàn | 2 |
| 属于 | shǔyú | 8 |
| 数据库 | shùjùkù | 9 |
| 数码产品 | shùmǎ chǎnpǐn | 21 |
| 双赢 | shuāngyíng | 29 |
| 水稻 | shuǐdào | 6 |
| 说法 | shuōfǎ | 14 |
| 丝瓜 | sīguā | 14 |
| 丝毫 | sīháo | 24 |
| 思路 | sīlù | 4 |
| 思念 | sīniàn | 16 |
| 死亡 | sǐwáng | 23 |
| 四季 | sìjì | 17 |
| 四通八达 | sì tōng bā dá | 19 |
| 送礼 | sònglǐ | 7 |
| 素 | sù | 8 |
| 蒜 | suàn | 5 |
| 随便 | suíbiàn | 8 |

| | | |
|---|---|---|
| 随时 | suíshí | 21 |
| 随着 | suízhe | 28 |
| 索道 | suǒdào | 17 |
| **T** | | |
| 贪吃 | tānchī | 26 |
| 探讨 | tàntǎo | 11 |
| 探险 | tànxiǎn | 1 |
| 陶醉 | táozuì | 20 |
| 讨价还价 | tǎo jià huán jià | 4 |
| 套餐 | tàocān | 8 |
| 特定 | tèdìng | 13 |
| 特质 | tèzhì | 13 |
| 提供 | tígōng | 21 |
| 体力 | tǐlì | 17 |
| 体面 | tǐmiàn | 10 |
| 体验 | tǐyàn | 2 |
| 天寒地冻 | tiān hán dì dòng | 23 |
| 天然 | tiānrán | 25 |
| 田间 | tiánjiān | 15 |
| 田园 | tiányuán | 30 |
| 甜面酱 | tiánmiànjiàng | 5 |
| 挑选 | tiāoxuǎn | 2 |
| 跳蚤市场 | tiàozao shìchǎng | 28 |
| 铁路 | tiělù | 26 |
| 通常 | tōngcháng | 5 |
| 同情 | tóngqíng | 11 |
| 统计 | tǒngjì | 2 |
| 头头是道 | tóu tóu shì dào | 2 |

275

| | | | | | | |
|---|---|---|---|---|---|---|
| 投入 | tóurù | 9 | | **X** | | |
| 突出 | tūchū | 14 | 吸收 | xīshōu | 18 |
| 突如其来 | tū rú qí lái | 23 | 习俗 | xísú | 15 |
| 突显 | tūxiǎn | 15 | 喜庆 | xǐqìng | 14 |
| 途径 | tújìng | 18 | 系列 | xìliè | 30 |
| 土壤 | tǔrǎng | 26 | 细节 | xìjié | 1 |
| 团圆 | tuányuán | 16 | 细腻 | xìnì | 6 |
| 推广 | tuīguǎng | 29 | 峡谷 | xiágǔ | 26 |
| | **W** | | 霞 | xiá | 17 |
| 外衣 | wàiyī | 17 | 鲜明 | xiānmíng | 19 |
| 弯曲 | wānqū | 19 | 显示 | xiǎnshì | 29 |
| 玩耍 | wánshuǎ | 23 | 限制 | xiànzhì | 21 |
| 网络 | wǎngluò | 21 | 馅儿 | xiànr | 15 |
| 网民 | wǎngmín | 21 | 相比 | xiāngbǐ | 28 |
| 网站 | wǎngzhàn | 21 | 相当 | xiāngdāng | 15 |
| 旺季 | wàngjì | 4 | 厢房 | xiāngfáng | 19 |
| 围 | wéi | 19 | 相关 | xiāngguān | 16 |
| 维生素 | wéishēngsù | 5 | 相继 | xiāngjì | 6 |
| 位于 | wèiyú | 17 | 详尽 | xiángjìn | 29 |
| 温差 | wēnchā | 17 | 享受 | xiǎngshòu | 2 |
| 温和 | wēnhé | 28 | 项目 | xiàngmù | 2 |
| 温馨 | wēnxīn | 19 | 象征 | xiàngzhēng | 14 |
| 蚊子 | wénzi | 15 | 消费 | xiāofèi | 10 |
| 无比 | wúbǐ | 20 | 消化 | xiāohuà | 3 |
| 五颜六色 | wǔ yán liù sè | 20 | 销售 | xiāoshòu | 10 |
| 舞蹈 | wǔdǎo | 18 | 小麦 | xiǎomài | 6 |
| 误区 | wùqū | 3 | 小卖部 | xiǎomàibù | 27 |
| 物资 | wùzī | 9 | 孝子 | xiàozǐ | 18 |

## 附录二：词汇总表

| 谐音 | xiéyīn | 13 |
| 携带 | xiédài | 1 |
| 心目 | xīnmù | 13 |
| 辛勤 | xīnqín | 24 |
| 欣赏 | xīnshǎng | 18 |
| 新兴 | xīnxīng | 30 |
| 心中有数 | xīn zhōng yǒu shù | 1 |
| 信息 | xìnxī | 8 |
| 信仰 | xìnyǎng | 13 |
| 信誉 | xìnyù | 21 |
| 星座 | xīngzuò | 7 |
| 行程 | xíngchéng | 17 |
| 形容 | xíngróng | 16 |
| 兴致 | xìngzhì | 3 |
| 凶 | xiōng | 14 |
| 休闲 | xiūxián | 30 |
| 需求 | xūqiú | 30 |
| 学问 | xuéwen | 8 |
| 雪崩 | xuěbēng | 23 |
| 巡视 | xúnshì | 9 |

### Y

| 压垮 | yākuǎ | 9 |
| 牙签 | yáqiān | 7 |
| 岩(石) | yán(shí) | 26 |
| 岩溶 | yánróng | 20 |
| 沿途 | yántú | 20 |
| 眼花缭乱 | yǎn huā liáo luàn | 28 |
| 眼界 | yǎnjiè | 2 |
| 扬眉吐气 | yáng méi tǔ qì | 10 |
| 阳伞 | yángsǎn | 3 |
| 洋 | yáng | 18 |
| 药品 | yàopǐn | 1 |
| 椰子 | yēzi | 3 |
| 业务 | yèwù | 2 |
| 业余 | yèyú | 22 |
| 业主 | yèzhǔ | 30 |
| 一次性 | yícìxìng | 7 |
| 一带 | yídài | 28 |
| 一律 | yílǜ | 27 |
| 一系列 | yíxìliè | 29 |
| 依然 | yīrán | 13 |
| 遗产 | yíchǎn | 17 |
| 遗迹 | yíjì | 17 |
| 遗失 | yíshī | 1 |
| 以免 | yǐmiǎn | 20 |
| 议论 | yìlùn | 24 |
| 意味着 | yìwèizhe | 22 |
| 因素 | yīnsù | 1 |
| 引导 | yǐndǎo | 24 |
| 饮食 | yǐnshí | 6 |
| 隐约 | yǐnyuē | 11 |
| 印象 | yìnxiàng | 2 |
| 印子 | yìnzi | 23 |
| 营救 | yíngjiù | 23 |
| 营销 | yíngxiāo | 18 |
| 营养 | yíngyǎng | 5 |

| | | | | | | |
|---|---|---|---|---|---|---|
| 拥挤 | yōngjǐ | 17 | | 元首 | yuánshǒu | 5 |
| 拥有 | yōngyǒu | 27 | | 园林 | yuánlín | 1 |
| 优惠 | yōuhuì | 2 | | 原料 | yuánliào | 8 |
| 优势 | yōushì | 9 | | 原始 | yuánshǐ | 27 |
| 优先 | yōuxiān | 28 | | 愿望 | yuànwàng | 12 |
| 幽深 | yōushēn | 19 | | 允许 | yǔnxǔ | 4 |

## Z

| | | | | | | |
|---|---|---|---|---|---|---|
| 尤为 | yóuwéi | 13 | | 灾难 | zāinàn | 9 |
| 由来 | yóulái | 15 | | 栽种 | zāizhòng | 19 |
| 犹如 | yóurú | 20 | | 暂时 | zànshí | 16 |
| 油腻 | yóunì | 5 | | 赞美 | zànměi | 17 |
| 油条 | yóutiáo | 11 | | 赞叹 | zàntàn | 27 |
| 游客 | yóukè | 18 | | 赞助商 | zànzhùshāng | 29 |
| 游览 | yóulǎn | 1 | | 遭遇 | zāoyù | 27 |
| 游人 | yóurén | 20 | | 枣 | zǎo | 14 |
| 游兴 | yóuxìng | 1 | | 躁动 | zàodòng | 28 |
| 游子 | yóuzǐ | 13 | | 赠送 | zèngsòng | 7 |
| 有备无患 | yǒu bèi wú huàn | 1 | | 蘸 | zhàn | 5 |
| 有效 | yǒuxiào | 29 | | 招财进宝 | zhāo cái jìn bǎo | 6 |
| 有意 | yǒuyì | 8 | | 照例 | zhàolì | 11 |
| 余地 | yúdì | 4 | | 折扣 | zhékòu | 4 |
| 鱼香肉丝 | yúxiāng ròusī | 8 | | 针对性 | zhēnduìxìng | 22 |
| 娱乐 | yúlè | 28 | | 震惊 | zhènjīng | 10 |
| 与众不同 | yǔ zhòng bù tóng | 17 | | 争先恐后 | zhēng xiān kǒng hòu | 28 |
| 羽绒服 | yǔróngfú | 23 | | 挣扎 | zhēngzhá | 23 |
| 雨过天晴 | yǔ guò tiān qíng | 17 | | 挣钱 | zhèngqián | 11 |
| 预订 | yùdìng | 4 | | 正宗 | zhèngzōng | 5 |
| 预防 | yùfáng | 3 | | 证件 | zhèngjiàn | 1 |
| 遇难 | yùnàn | 9 | | | | |

## 附录二：词汇总表

| | | |
|---|---|---|
| 证实 | zhèngshí | 27 |
| 证书 | zhèngshū | 22 |
| 支出 | zhīchū | 4 |
| 知音 | zhīyīn | 12 |
| 直接 | zhíjiē | 3 |
| 职能 | zhínéng | 9 |
| 职业 | zhíyè | 10 |
| 指点 | zhǐdiǎn | 11 |
| 至于 | zhìyú | 28 |
| 制度 | zhìdù | 24 |
| 制作 | zhìzuò | 7 |
| 治愈 | zhìyù | 3 |
| 终年 | zhōngnián | 26 |
| 钟点工 | zhōngdiǎngōng | 11 |
| 种类 | zhǒnglèi | 21 |
| 种植 | zhòngzhí | 6 |
| 周边 | zhōubiān | 9 |
| 主妇 | zhǔfù | 11 |
| 主力军 | zhǔlìjūn | 22 |
| 主食 | zhǔshí | 6 |
| 住所 | zhùsuǒ | 19 |
| 助威 | zhùwēi | 9 |
| 祝愿 | zhùyuàn | 7 |
| 专列 | zhuānliè | 26 |
| 壮丽 | zhuànglì | 17 |
| 追求 | zhuīqiú | 7 |
| 姿态 | zītài | 10 |
| 资源 | zīyuán | 13 |
| 滋润 | zīrùn | 25 |
| 滋味 | zīwèi | 28 |
| 自然而然 | zìrán ér rán | 19 |
| 宗教 | zōngjiào | 2 |
| 综合 | zōnghé | 1 |
| 粽子 | zòngzi | 15 |
| 走访 | zǒufǎng | 9 |
| 走廊 | zǒuláng | 19 |
| 走马观花 | zǒu mǎ guān huā | 1 |
| 租 | zū | 18 |
| 足不出户 | zú bù chū hù | 21 |
| 族 | zú | 22 |
| 组成 | zǔchéng | 8 |
| 组合 | zǔhé | 7 |
| 祖先 | zǔxiān | 18 |
| 尊重 | zūnzhòng | 10 |

## 专名

### A

| 爱尔兰 | Ài'ěrlán | 29 |
| 安徽 | Ānhuī | 11 |
| 澳门 | Àomén | 28 |

### B

| 白居易 | Bái Jūyì | 1 |
| 白马寺 | Báimǎ Sì | 1 |
| 白园 | Bái Yuán | 1 |

### C

| 陈逸飞 | Chén Yìfēi | 12 |
| 成都 | Chéngdū | 30 |
| 成吉思汗 | Chéngjísīhán | 25 |

### D

| 大三巴牌坊 | Dàsānbā Páifāng | 28 |
| 第二次世界大战 | Dìèrcì Shìjiè Dàzhàn | 14 |
| 东巴文化 | Dōngbā Wénhuà | 27 |
| 东南亚 | Dōngnán Yà | 25 |

### G

| 格兰披治大赛车 | Gélánpīzhì Dàsàichē | 28 |
| 勾践 | Gōujiàn | 15 |
| 广西 | Guǎngxī | 20 |
| 广东话 | Guǎngdōng Huà | 14 |
| 贵州 | Guìzhōu | 15 |

### H

| 哈密 | Hāmì | 26 |
| 海南岛 | Hǎinán Dǎo | 3 |
| 汉武帝 | Hàn Wǔdì | 13 |
| 和平门 | Hépíng Mén | 5 |
| 恒山 | Héng Shān | 17 |
| 衡山 | Héng Shān | 17 |
| 湖南 | Húnán | 30 |
| 华山 | Huà Shān | 17 |
| 黄河 | Huán Hé | 17 |

### J

| 佳能 | Jiānéng | 10 |
| 江苏 | Jiāngsū | 6 |

### K

| 昆明 | Kūnmíng | 30 |

### L

| 拉萨 | Lāsà | 3 |
| 漓江 | Lí Jiāng | 20 |
| 联合国教科文组织 | Liánhéguó Jiàokēwén Zǔzhī | 17 |
| 洛阳 | Luòyáng | 1 |

### M

| 梅里雪山 | Méilǐ Xuěshān | 27 |
| 蒙古族 | Měnggǔ Zú | 25 |
| 苗族 | Miáo Zú | 15 |
| 仫佬族 | Mùlǎo Zú | 15 |

## 附录二：词汇总表

### N

| 纳西族 | Nàxī Zú | 2 |
| --- | --- | --- |
| 南欧 | Nán Ōu | 28 |
| 尼日利亚 | Nírìlìyà | 9 |

### P

| 葡京 | Pújīng | 28 |
| --- | --- | --- |

### Q

| 前门外 | Qiánménwài | 5 |
| --- | --- | --- |
| 青城山 | Qīngchéng Shān | 30 |
| 屈原 | Qū Yuán | 15 |
| 全聚德烤鸭店 | Quánjùdé Kǎoyādiàn | 5 |

### S

| 三河马 | Sānhé Mǎ | 25 |
| --- | --- | --- |
| 三河牛 | Sānhé Niú | 25 |
| 山东省 | Shāndōng Shěng | 17 |
| 《失去的地平线》 | Shīqù de Dìpíngxiàn | 27 |
| 世界杯 | Shìjièbēi | 29 |
| 双桥 | Shuāngqiáo | 12 |
| 嵩山 | Sōng Shān | 17 |
| 苏轼 | Sū Shì | 16 |

### T

| 《太初历》 | Tàichūlì | 13 |
| --- | --- | --- |
| 泰山 | Tài Shān | 17 |
| 桃花节 | Táohuā Jié | 30 |
| 天山山脉 | Tiānshān Shānmài | 26 |
| 团结乡 | Tuánjié Xiāng | 30 |

### W

| 王府井 | Wángfǔjǐng | 5 |
| --- | --- | --- |
| 温江 | Wēnjiāng | 30 |
| 汶川 | Wènchuān | 9 |
| 乌鲁木齐 | Wūlǔmùqí | 26 |
| 伍子胥 | Wǔ Zǐxū | 15 |

### X

| 西藏 | Xīzàng | 3 |
| --- | --- | --- |
| 新疆 | Xīnjiāng | 26 |

### Y

| 阳朔 | Yángshuò | 20 |
| --- | --- | --- |
| 彝族 | Yí Zú | 15 |
| 议事亭前地 | Yìshìtíng Qiándì | 28 |
| 永利酒店 | Yǒnglì Jiǔdiàn | 28 |
| 余光中 | Yú Guāngzhōng | 18 |
| 月坛 | Yuètán | 16 |
| 云南迪庆 | Yúnnán Díqìng | 27 |

### Z

| 詹姆斯·希尔顿 | Zhānmǔsī Xī'ěrdùn | 27 |
| --- | --- | --- |
| 周庄 | Zhōuzhuāng | 12 |
| 《中国国家地理》 | Zhōngguó Guójiā Dìlǐ | 25 |
| 壮族 | Zhuàng Zú | 20 |